刘宏毅 刘丰 著

心路

从《大学》看人生

华夏出版社
HUAXIA PUBLISHING HOUSE

图书在版编目（CIP）数据

心路：从《大学》看人生 / 刘宏毅，刘丰著. --北京：华夏出版社，2016.5（2024.3 重印）

ISBN 978-7-5080- 8796-2

Ⅰ. ①心… Ⅱ. ①刘… ②刘… Ⅲ. ①儒家 ②《大学》－研究 Ⅳ. ①B222.15

中国版本图书馆 CIP 数据核字（2016）第 079205 号

心　路：从《大学》看人生

编　　著	刘宏毅　刘　丰	
责任编辑	梅　子　阿　修	

出版发行	华夏出版社有限公司
经　　销	新华书店
印　　刷	三河市少明印务有限公司
装　　订	三河市少明印务有限公司
版　　次	2016 年 5 月北京第 1 版 2024 年 3 月北京第 9 次印刷
开　　本	710×1000　1/16 开
印　　张	13.75
字　　数	180 千字
定　　价	39.80 元

华夏出版社有限公司　地址：北京市东直门外香河园北里 4 号　邮编：100028
网址：www.hxph.com.cn　电话：（010）64663331（转）

若发现本版图书有印装质量问题，请与我社营销中心联系调换。

两位导师现场对话探索《大学》之道

《大学》之道

中华文明几千年来生生不已,文治武功,高潮迭起,虽时有低迷,却始终没有断绝。究其根本原因,在于那一条郁郁乎文哉的主线,一条自尧舜禹汤文武周孔以来,一脉相承的文化传统。只要这条"一以贯之"的根脉不断,中国文化总能柳暗花明,继往开来。

这条主线是什么?我以为就是中国文化的"内圣外王"之道。内圣,是个人修养的完成,独立人格的完善;外王,是在此基础之上去承担社会责任,全心全意地为人民服务。为什么要"内圣外王"?因为没有内圣的修养就去外王,面对权力、地位、金钱、美色的诱惑,很少有人能把持得住,这不仅仅是制度的问题,而是对人性的挑战。所以,必先完成内圣修养,才能出而外王,才有可能"出淤泥而不染,濯清涟而不妖"。

《大学》是国学的经典,是《四书》的第一部,为孔子所传、曾子所著的"圣学"经典。儒家学问的最高价值,在于肯定人性本善,使人人生起摆脱卑污幽暗、走向崇高光明的信心明德。今天研究儒学,就要注意接续儒家的圣脉心法，否则不会有受用，不会有大的成就。这个心法就在《大学》之中。

朱子认为，四书之中一定要先读《大学》。程子亦言只有《大学》读好了，才可以读其他三书。可以说，宋明理学的建立在很大程度上得力于《大学》这部书。而在宋以后的中国历史上，有多少志士仁人都把《大学》作为其人生价值取向的座右铭，用生命去实践自己"修身、齐家、治国、平天下"的内圣外王之道，追求自己理想中的人格境界。

《大学》这部书，文字并不多，才两千一百多字，相当于一篇文章，也没有什么偏僻字，但其中蕴藏的道理很深很深，古人要用它修学一辈子。旷世大儒王阳明，一辈子修习《大学》，最初的开悟在《大学》上，最后的成就也在《大学》上。可见，国学不仅仅是学术思想，与职业、技能、学历无太大的关联，更多的是人性的揭示，内心的呐喊，人生的支柱；需要用一生的时间，用生命的全程来体验、实践的人道的学问。

"当国学遇到科学"的对话，是我们的一次尝试，期望能够从多元视角、不同维度，凸显出人性中共同的东西。中国文化的特点是"天人合一"，天与人尚且合一，东西文化也一定有其"一以贯之"的"通体大用"。人类如果能够超越自己的有限认知，真正做到"求同尊异"，人性中不二的东西就一定会显现出来，这也是此次就"国学经典与科学对话"的缘起。

有人说：21世纪是中国的世纪。英国著名历史哲学家汤恩比博士说："自从罗马帝国解体以来，西方的政治并没有致力于重建统一，而是破坏性地企图阻止统一。西方已有意使自己不具有政治上统一世界的资格。中国过去的成就和历史经验，已使其具足统一世界的资格；这正是西方所显著缺乏的。

在这种成就的力量上，中国比任何其他国家都更有希望带领人类政治进入大
一统的世界。"①

时代赋予中华文化使命，圣贤赋予中华民族灵魂，先哲为天下大同铺平
了道路，现在该轮到我们出场了。孔子说："道不远人。"路，就在脚下，就
在这一部《大学》之中。

值此图书出版，无限感慨，仅缀数言，以之为序。

刘宏毅　谨识

乙未小满前日于北京博雅园

---

① 汤恩比，A."地球的继承人"，《地平线》杂志，1973 年第 16 册，第三期，18-19 页

《大学》之道与科学

人类社会的发展从古至今先后经历了：原始共生、野蛮竞生、文明竞生三个阶段。在生态与发展矛盾持续激化的今天，人类开始觉悟到自己格局的限制，正在迅速造成共同生存空间的崩盘。因此，世界在呼唤和谐共生时代的来临。

中华传统道德的根文化源于 N 维宇宙空间智慧（N 趋于无穷大），是引领人类从三维迷宫中纵向突围的法宝。儒学智慧借假修真、借人类在三维空间的认知，建构、开启智慧的修行体系。在天人合一的宇宙全息大格局完整体系中，人类所有智慧的内在关联可以科学系统地呈现；在人类国际关系架构中，以协和万邦的包容践行中华"和"文化；在社会政治经济文化的多元生态关系中，构建和而不同、尊异求同的交响空间；在唤醒内在圆满智慧的生命实践中，以人心和善的中华道德理念做为教育的核心，将高深、丰厚的中华智慧，以普适的科学语境加以传播，引领人类意识能量的融合与提升。

刘　丰

2015 年 5 月于硅谷

目 录

c o n t e n t s

目 录

contents

《大学》（原文）

　　大学之道，在明明德，在亲民，在止于至善。知止而后有定，定而后能静，静而后能安，安而后能虑，虑而后能得。物有本末，事有终始，知所先后，则近道矣。

　　古之欲明明德于天下者，先治其国，欲治其国者，先齐其家；欲齐其家者，先修其身；欲修其身者，先正其心；欲正其心者，先诚其意；欲诚其意者，先致其知，致知在格物。物格而后知至，知至而后意诚，意诚而后心正，心正而后身修，身修而后家齐，家齐而后国治，国治而后天下平。自天子以至于庶人，壹是皆以修身为本。其本乱而末治者，否矣。其所厚者薄，而其所薄者厚，未之有也。此谓知本，此谓知之至也。

　　所谓诚其意者，毋自欺也。如恶恶臭，如好好色，此之谓自谦。故君子必慎其独也。小人闲居为不善，无所不至，见君子而后厌然，揜其不善，而著其善。人之视己，如见其肝肺然，则何益矣？此谓诚于中形于外。故君子必慎其独也。曾子曰："十目所视，十手所指，其严乎！"富润屋，德润身，心广体胖，故君子必诚其意。诗云："瞻彼淇澳，绿竹猗猗，有斐君子，如切如磋，如琢如磨，瑟兮僩兮，赫兮喧兮，有斐君子，终不可諠兮。"如切如磋者，道学也；如琢如磨者，自修也；瑟兮僩兮者，恂慄也；赫兮喧兮则，威仪也；有斐君子，终不可諠兮者，道盛德至善，民之不能忘也。诗云："于戏！前王不忘。"君子贤其贤而亲其亲，小人乐其乐而利其利，此以没世不忘也。康诰曰："克明德。"大甲曰："顾是天之明命。"帝典曰："克明峻德。"皆自明也。汤之盘铭曰："苟日新，日日新，又日新。"康诰曰："作新民。"诗云："周虽旧邦，其命维新。"是故君子无所不用其极。诗云："邦畿千里，惟民所止。"诗云："缗蛮黄鸟，止于丘隅。"子曰："于止，知其所止，可以人而不如鸟乎？"诗云："穆穆文王，于缉熙敬止。"为人君止于仁，为人臣止于敬，为人子止于孝，为人父止于慈，与国人交止于信。子曰："听讼，吾犹人也，必也使无讼乎！"无情者不得尽其辞，大畏民志，此谓知本。

所谓修身在正其心者，身有所忿懥则不得其正，有所恐惧则不得其正，有所好乐则不得其正，有所忧患则不得其正。心不在焉，视而不见，听而不闻，食而不知其味，此谓修身在正其心。

所谓齐其家在修其身者，人之其所亲爱而辟焉，之其所贱恶而辟焉，之其所敬畏而辟焉，之其所哀矜而辟焉，之其所敖惰而辟焉，故好而知其恶，恶而知其美者，天下鲜矣。故谚有之曰："人莫之其子之恶，莫知其苗之硕。"此谓身不修，不可以齐其家。

所谓治国必齐其家者，其家不可教，而能教人者无之。故君子不出家而成教于国。孝者，所以事君也；弟者，所以事长也；慈者，所以使众也。康诰曰："如保赤子。"心诚求之，虽不中，不远矣。未有学养子而后嫁者也。一家仁，一国兴仁；一家让，一国兴让；一人贪戾，一国作乱，其机如此。此谓一言贲事，一人定国。尧舜率天下以仁，而民从之；桀纣率天下以暴，而民从之。其所令，反其所好，而民不从。是故君子有诸己而后求诸人，无诸己而后非诸人。所藏乎身不恕，而能喻诸人者，未之有也。故治国在齐其家。诗云："桃之夭夭，其叶蓁蓁，之子于归，宜其家人。"宜其家人而后可以教国人。诗云："宜兄宜弟。"宜兄宜弟，而后可以教国人。诗云："其仪不忒，正是四国。"其为父子兄弟足法，而后民法之也。此谓治国在齐其家。

所谓平天下在治其国者，上老老而民兴孝，上长长而民兴弟，上恤孤而民不倍，是以君子有絜矩之道也。所恶于上，毋以使下；所恶于下，毋以事上；所恶于前，毋以先后；所恶于后，毋以从前；所恶于右，毋以交于左；所恶于左，毋以交于右，此之谓絜矩之道。诗云："乐只君子，民之父母。"民之所好好之，民之所恶恶之，此之谓民之父母。诗云："节彼南山，维石岩岩，赫赫师尹，民具尔瞻。"有国者不可以不慎，辟则为天下僇矣。诗云："殷之未丧师，克配上帝，仪监于殷，峻命不易。"道得众则得国，失众则失国。是故君子先慎乎德，有德此有人，有人此有土，有土此有财，有财此有用。德者本也，财者末也。外本内末，争民施夺，是故财聚则民散，财散则民聚。是故言悖而出者，亦悖而入；货悖而入者，亦悖而出。康诰曰："唯命不于常。"道善则得之，不善则失之矣。楚书曰："楚国无以为宝，惟善以为宝。"舅犯曰："亡人无以为宝，仁亲为宝。"秦誓曰："若有一个臣，断断兮，无他技，其心休休焉，其为有容焉。人之有技，若己有之；人之彦圣，其心好之，不啻若自其口出。实能容之，以能保我子孙黎民，尚亦有利哉！人之有技媢嫉以恶之，人之彦圣，而违之俾不通。实不能容，以不能保我子孙黎民，亦曰殆哉！"唯仁人放流之，迸诸四夷，不与中国同。此谓唯仁人为能爱人，能恶人。见贤而不能举，举而不能先，命也。见不善而不能退，退而不能速，过也。好人之所恶，恶人之所好，是谓拂人之性，灾必逮夫身。是故君子有大道，必忠信以得之，骄泰以失之。生财有大道，生之者众，食之者寡，为之者疾，用之者舒，则财恒足矣。仁者以财发身，不仁者以身发财。未有上好仁而下不好义者也，未有好义其事不终者也，未有府库财非其财者也。孟献子曰："畜马乘，不察于鸡豚；伐冰之家，不畜牛羊；百乘之家，不畜聚敛之臣。与其有聚敛之臣，宁有盗臣。"此谓国不以利为利，以义为利也。长国家而务财用者，必自小人矣。彼为善之，小人之使为国家，灾害并至，虽有善者，亦无如之何矣。此谓国家不以利为利，以义为利也。

第一章 | 解读《大学》高维智慧，开启生命成长之门

刘宏毅　刘丰

> 某要人先读《大学》，以定其规模。次读《论语》，以立其根本。次读《孟子》，以观其发越。次读《中庸》，以求古人之微妙处。
>
> 果然下工夫，句句字字，涵泳切己，看得透彻，一生受用不尽。只怕人不下工，虽多读古人书，无益。
>
> ——《朱子语类·大学》

刘宏毅：各位朋友，大家晚上好！我们今天跟刘丰老师一起，用东方的国学智慧和西方的科学逻辑进行一次对话。这也是一次当东西方文化碰撞到一起，当一个智慧层面的东西和一个逻辑层面的东西碰撞到一起时的对话。我们也是第一次尝试，看看能碰撞出什么样的火花来。今天是一个很好的机缘，以《大学》作为开场。

第一节 《大学》概论

刘宏毅：我们知道，在古代，这个"大"字它不念大，念"太"，太比大还要大一点，还多一点。《大学》在古代叫"太学"。什么叫"太学"？

"太学"有两个意思，第一是国家的高等学府叫"太学"。我们今天所在这个地方，它的东墙的外边，那就是国子监，是古代的"太学"，墙外面的大殿，那就是辟雍（国子监的辟雍建于清乾隆四十八年，即公元1783年，是一座四四方方的建筑，大殿正面屋檐之下，高挂着乾隆皇帝书写的"辟雍"匾额），皇帝要在那儿给新科的进士讲一课。讲什么课呢？在辟雍里边，讲的就是《大学》！我们今天在国子监讲课，而且是在"太学"的墙外边，在这个场合讲《大学》，就是天时、地利、人和，这有一个更好的现实意义，它的能量场造就我们今天的彼此相聚——在这个世界上没有偶然，没有初次见面，其实都是重逢而已。

另外，《大学》讲的一个最高明的内容是你的人生架构，你的人生道路应该怎么样走。《大学》最重要，在"四书"里面它是第一部。"四书"是哪四部？《大学》、《中庸》、《论语》、《孟子》。如果我们把它按照顺序排一下，就是：《大学》第一，《论语》第二，《孟子》第三，《中庸》第四。为什么？因为《大学》通篇讲的是方法、功夫和境界，《大学》里面没有道理好讲。有人把《大学》当成知识来看，那他就读不懂，他觉得2100个字，没有什么信息量的东西。《大学》讲的是方法，是指导你去做事情的方法（编者注：也就是先走上一个正确道路的方法）；《中庸》则不一样，《中庸》讲的是道理，讲的是理论。《大学》全篇，没有谈"性"这一个字（编者注："性"是心性、真性、性情本源之学），《大学》谈"心"不谈"性"，《中庸》谈"性"不谈"心"，《中庸》里谈的都是"性"，第一句话就是"天命之谓性"，《中庸》里是不谈"心"的，因为它不谈法，不是讲怎样从心开始修习的，它从上边往下边谈，《大学》是从底层最根部往上面谈，一个讲方法，一个讲理论，那中间隔着的是孔子和孟子，这两个人给你表演，孔子给你表演什么叫"仁"，怎么做到"仁"，孟子给你表演什么叫"义"，怎么做到"义"。可见"四书"的配合有理论，有方法，有实践，而且有案例分析，它是很圆满的、有次第的一套教材，所以从宋朝以后，"四书"一直作为历代科考的必读书目和考查体系，代代传下来。我们今天，就是以《大学》作为一个引子来开始的。

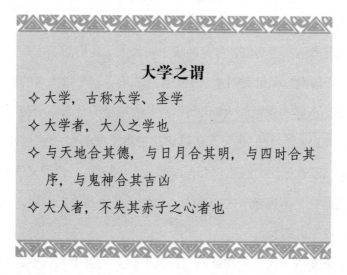

大学之谓

◇ 大学，古称太学、圣学

◇ 大学者，大人之学也

◇ 与天地合其德，与日月合其明，与四时合其序，与鬼神合其吉凶

◇ 大人者，不失其赤子之心者也

按照朱熹的说法，"大学者，大人之学也"，就是真正的《大学》，是"大人"之学，就是你要想成为一个大人，才来学《大学》。换句话讲，你要甘心做小人，你没有必要来学《大学》。什么叫作"大人"呢？我们是不是18岁就成大人了？不是，这只是生理年龄段的大人。这里所说的真正的大人，是顶天立地的人，是一个大写的人，是一个发了大心的人，这样的人才叫作"大人"。如果我们想让自己的生命有意义，想要实现自己生命价值的最大化，就要走《大学》给你建构的"大学之路"。

什么叫作"大人"？在《周易》里边它提出这么一个标准："与天地合其德，与日月合其明，与四时合其序，与鬼神合其吉凶"，然后可谓之大人也。就是跟天地、日月、四时、鬼神一样的人，才叫作大人。这大人，标准太高了，我们不容易做到。孟子说了一句话，"大人者，不失其赤子之心者也"。什么叫大人？不失赤子之心的，就是大人。月窠里刚出生的孩子，肉皮红红的，那叫赤子，在他没有后天的分辨意识的时候，他的世界观里，没有好坏、善恶、美丑，这些概念都没有，他看这个世界一切都是美好的，所以他看到谁都会笑一笑，这赤子之心，就是所谓的大人之心。

我们很滑稽，很颠倒，月窠的孩子叫大人，我们活了这么大倒成小人了，刚好是一个颠倒！如果我们永远不失赤子之心，这个做大人的资本就没有丢。我们再看，小孩子永远问大问题："天上的星星为什么不会掉下来？""小猫为什么长尾巴？""我们是怎么从妈妈肚子里出来的？"你怎么回答？你没法回答！小孩子永远问大问题，大人永远关心小问题："汽油又涨价了"……所以，永远做一个不失赤子之心的人，即使老了也是个老顽童，到哪里都受欢迎，这是孟子讲的大人。

我们下面讲《大学》的架构。从《大学》的整个架构里边，谈出来《大学》的纲领。《大学》的纲领就是三条，"明明德"，"亲民"，"止于至善"。然后提出来八个修行的科目，那就是"格物、致知、诚意、正心；修身、齐家、治国、平天下"。八个科目的前四个是成就你自己的，叫"内圣"；后四个是成就社会、为社会服务的，叫"外王"。内圣是你自己人格的养成，外王是人生价值的实现，这个次序一定是先内圣再外王，不能反着来。如果没有内圣，自己的人格还没有养成，就去外王，就去治国平天下，在面对权力、面对金钱、面对美色的时候，没有一个人不堕落的，因为这不关乎制度的问题，而是关乎人性的问题。

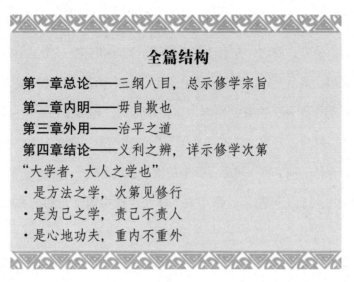

全篇结构

第一章总论——三纲八目，总示修学宗旨

第二章内明——毋自欺也

第三章外用——治平之道

第四章结论——义利之辨，详示修学次第

"大学者，大人之学也"

· 是方法之学，次第见修行

· 是为己之学，责己不责人

· 是心地功夫，重内不重外

首先必须要完成自己内圣的修养，然后才给你舞台、给你权力，让你施展自己的抱负，去服务社会。古人就是这么走的。你看古人有很多辞官的，有很多不做官的，为什么？他觉得自己内圣的修养不够，一旦外王就去造业。我们今天讲事业，事多大你造的业就有多大，就看你自己能不能承担。如果能承担就是善果，承担不了的就变成恶果。古人在这方面是非常谨慎的，如果自己内圣的修养没有完成，外王宁可晚一点或者不做，但是内圣一定要完成。

整个《大学》的架构，就是按照内圣外王这条路来展开的。怎么展开的呢？"格物、致知、诚意、正心"，这是修你的内圣；完了以后去"修身、齐家、治国、平天下"。就是先搞自我管理，然后家庭管理，治国就是企业管理，平天下是社会管理，承担社会责任，这样一步一步把它展开，这是人生的架构，也是修行的科目。在修行的过程当中，有五个境界，你到了哪个境界了，你自己得知道。

第一个境界叫定。你有没有定力？定得住定不住？你在自己计划的执行过程当中，外边有别人说点闲话，或者遇到点困难，你受不受干扰？所以第一个境界叫定。定而后就有静，静是从心的层次说的；然后是安，安是从身的层面说的，身安，安舒，安泰；然后是虑，虑是指你有一个清明的思想，一个清明的意识；最后是得，得是你真正得到了那个明德，明德就是大智慧，你真正得到了那个智慧。这五个境界，你在修行的过程当中，在"格物、致知、诚意、正心、修身、齐家、治国、平天下"的过程中，你要一步一步地对照和验证自己，看自己到了哪个境界、哪个层次了，这是整个《大学》的架构。

我们说《大学》通篇讲的是功夫，什么叫作中国文化的功夫？在此总结了四句话：

第一条叫有目的地实践，它不是西方的一个尝试性的实践，或者是盲目的实践，一定是有目的的实践；

第二条是全身心地投入；

第三条是持之以恒地坚持；

第四条是认认真真地干一件事。

什么是功夫

✧ 有目的地实践，全身心地投入，持之以恒地坚持，认认真真地干一件事。

✧ 人一能之已百之，人十能之已千之。果能此道矣，虽愚必明，虽柔必强。

✧ 始条理者智之事也，终条理者圣之事也。有始有终，持之以恒，谓之功夫。

这个就是中国功夫的概念，违反了这几条的话，你所做的只能叫实践，不能叫作功夫。实践可以失败，功夫一定是不能失败的，你看中国唱戏的、练武术的，那练的都是功夫，那功夫会失败吗，不会失败，区别只是你有没有大的成就而已。为什么呢？因为它都是在师父指导、在前人经验指导下的实践，而且是全身心的投入，持之以恒地坚持，而且认认真真地就干这一件事。我们大家在自己的实践过程当中，也应该利用这几个原则。

美国有一本畅销书叫《超凡者》，里边提出来这个概念，叫一万小时法则，它统计了一百六十多个成功人士，包括诺贝尔奖获得者，也包括大科学家、大艺术家等等，他们成功的经验无一例外，他们在本专业，就是在自己这个项目上，投入了超过一万个小时的功夫。如果按每周投入二十小时计算，这一万个小时正好是十年。中国人也说"十年磨一剑"，"板凳要坐十年冷"，"十年寒窗苦"。为什么中国人也说十年，美国人也说十年？古代说十年，今天也说十年？可见，这一万个小时、十年的功夫，是一个统一的标准。

另外，在《大学》里，在中国文化里，强调人有生而知之，有学而知之，但是这不是主要的，最主要的是，你有没有全身心地投入和持之以恒地坚持。所以《中庸》里边说，"人一能之己百之"，别人干一回就行了，我干一百回；"人十能之己千之"，别人干十次就可以了，我干一千次；"果能此道矣，虽愚必明，虽柔必强"，你真要这样去做了的话，你就是傻子也变聪明了，你就是非常软弱的人也变坚强了，关键是要靠你自己去做。

《大学》绝对不是知识，如果我们把它读一遍，你得不到什么，必须圆圆满满地、认认真真地去实行它，去做才可以。这个是讲《大学》的架构。

另外，《大学》通篇提出来几条，比如说《大学》的次第，是从"明明德"，到"亲民"，到"止于至善"，分三步来走的。这三步是一个什么样的关系呢？我们等一下就以这个题目为主来切入。

第二节 《大学》三纲：大学之道，在明明德，在亲民，在止于至善

一、怎样理解"三纲"

刘宏毅：《大学》第一句话，"大学之道，在明明德，在亲民，在止于至善"。这是朱熹提出来的《大学》的三个纲领。在这里，我们提出一个问题，请大家边听边思考，就是大学之道提出来的这个"明明德"、"亲民"和"止于至善"，是三件事还是一件事？另外，大学之道，"在明明德，在亲民，在止于至善"，为什么用了三个"在"？我把这三个"在"去掉行不行？

有人说不行。为什么不行？就是为什么在这儿用"在"？起一个什么样的作用？我们说这是古人留下的经典，经典是圣人的话，一个字也不能改的，改了就面目全非了。为什么不能改？我们下面把它展开的时候再谈。

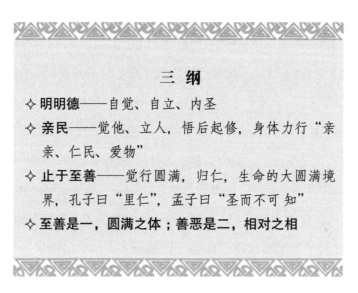

三 纲

◇ **明明德**——自觉、自立、内圣

◇ **亲民**——觉他、立人，悟后起修，身体力行"亲亲、仁民、爱物"

◇ **止于至善**——觉行圆满，归仁，生命的大圆满境界，孔子曰"里仁"，孟子曰"圣而不可知"

◇ **至善是一，圆满之体；善恶是二，相对之相**

《大学》的三纲领首先告诉我们，它是按照"明明德，亲民，止于至善"

这个路来走的。

1. 什么叫"明明德"

"明明德"分两个方面，一个谈的是"明德"，一个谈的是"明"这个"明德"。所谓的"明德"，就是我们每一个人都有一个自性光明的德性，叫自性之德，老子叫作"道"。每个人都有一个这种大放光明的自性之德，但是由于后天的污染，由于我们自己后天的物欲等等的污染，你这个明德不明了，像一个夜明珠一样，它被泥土包起来了，它不能够大放光明了，在这个时候怎么办呢？我们要做的工作就是把污染去掉，把宝珠外面的泥土去掉，这个过程就叫作"明明德"，即"明"那个"明德"，这是第一个概念，修行的第一步功夫，在佛法里叫作"自觉"。

2. 什么叫"亲民"

实际上，"亲民"可以用一句我们最容易理解的话，就是毛泽东说过的话来表述，叫作"为人民服务"。但是我为什么要亲民？我自己觉悟了，我自己不受苦了就可以了，就挺好的，我为什么要去亲民呢？我不亲民行不行？这里我们提出了第二个问题，就是亲民，你要走到社会当中去，你要走到社会最底层去，你要为社会尽你自己的义务，担当起你自己应该承担的社会责任，这叫作"亲民"。

3. 什么叫"止于至善"

修行最后才能达到的那个至善圆满的境界，就叫作"至善"。在这儿又提出一个概念，就是"至善"和我们一般理解的善恶的那个"善"是不是一个概念？如果不是一个概念，那什么叫作"至善"？它跟善恶的那个善是什么样的关系呢？

以上这几条都是大学之道，开篇就给你提出来了，我们也可以这么说，大学之道，整个《大学》这篇文章，实际上就是这九个字："明明德，亲民，止于至善"，后边的一切，都是对它的解释和展开。把这一句话弄明白了，《大学》这篇文章就你懂了，后边就不用学了。但是，要弄明白这九个字，是非常不容易的。今天我的任务，就是跟刘丰老师碰撞，看看当东方碰到了西方，当眼镜刘碰到了这个不戴眼镜的刘，他们会迸出什么东西来。

既然我们认为，明德是人的本性的自性光明之德，在现代科学的语境和逻辑关系上，是怎样来解读的呢？

刘丰：在场的各位，有些朋友可能听过我的课，对这个所谓的"广义科学"、"广义时空能量"有一些概念，还有很多朋友可能没有这个语境的概念。我简单解释一下，其实我们是在用一个科学的语境，来寻找它跟所有智慧系统之间的接口。

这个科学语境是如何建构的呢？它是相对比较简单的一个语境系统，只用了两个主要概念，一个是空间概念，一个是能量概念。

1. 空间概念

空间概念引用的是多维空间概念。线性几何学里面讲的多维空间，从一维到 N 维（N 趋于无穷大），我们借用线性几何学，对整个宇宙空间，用这种方式做一个描述。

2. 能量概念

能量概念是借助量子物理学，通过量子物理学的结论：一切物质世界的存在实际都是能量波，物质是能量相干成像；意识是信息，是能量集结而没成像的状态。

所以我们说，一切的物质、信息、能量，它们是三位一体的。

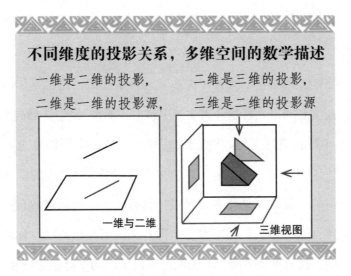

不同维度的投影关系，多维空间的数学描述

一维是二维的投影，　　　　二维是三维的投影，
二维是一维的投影源，　　　三维是二维的投影源

一维与二维　　　　　　　　三维视图

把上面这两个概念结合以后，又引入两个很重要的概念。第一个，低维空间的能量关系是高维空间能量关系的投影。也就是说一维的事物是二维的投影，二维的事物是三维的投影。根据数学归纳法，我们可以推导出：低维空间是高维空间的投影，高维空间是低维空间的投影源。这个宇宙空间一切事物的投影源，是在 N 维（N 趋于无穷大）。

另外用到一个概念，我们在关注能量、能量波的时候，大部分人关注的是它的振幅（就是强度）、它的频率（也就是它的颜色、它的能量特征），但忽视了一个非常重要的概念，就是现在要提出的能量的自由度，也就是能量的维度。一维的能量在一条线上起作用，二维的能量在面上起作用，三维的能量在立体空间起作用，到第四维它可以穿越时间。

把这几个很简单的概念组合到一起，我们再来看所有的智慧体系里面，都可以找到和这个简单的理论框架之间的一个对应关系。

"明德"，我们用什么样的能量关系来解释德这个概念？德是维度，就是自由度。为什么这么讲呢？它来源于《道德经》。《道德经》在《德篇》第一章的时候就讲到，"失道而后德，失德而后仁，失仁而后义，失义而后礼"。[1]

这句话表达的是什么意思？就是说，在这个 N 维宇宙空间 (N 趋于无穷大) 中，所有信息和它们的相互关系就是所谓的道，这也是佛、也是神的境界。而最高境界的道，就是《大学》里讲的"明德"，它是最高境界的德。从 N 维到 N–1 维就离开了道，"失道而后德"，N–1 维到四维全是德，所以有"德高望重"，"厚德载物"。这个在佛教叫"功德"，功德指的就是境界。

佛家讲的"福德"是什么意思呢？就是三维空间能量的自由度，也就是心有多大舞台就有多大，在三维空间你有多大的心量范围，你就能驾驭多大的物质空间，这就是德的概念，德就是自由度。功德是指它所在的那个维度，你有再多的福德，不如提升一维功德。

为什么呢？我们从数学的角度来看：二维里面有无穷多个一维，也就是平面里面有无穷多条线；三维里面有无穷多个二维，也就是立体里边有无穷多个面；四维里面有无穷多个三维，也就是到第四维你就能驾驭所有的三维。怎么驾驭的呢？因为不同维度之间是投影与投影源的关系，就像我这只手，手的角度一变，投影像就变，投影源跟投影的关系是这样的。

不同维度空间之间的差异，就像人和蚂蚁之间的差异，我们假设，蚂蚁在平面上爬的时候，只有二维的知能和体能，我们人有三维的知能和体能，我们可以随便掌控蚂蚁的行为和生命。所以说，我们的智慧是蚂蚁的无穷多倍。

---

1 《道德经·德经》第三十八章

上德不德，是以有德；下德不失德，是以无德。上德无为而无以为，下德为之而有以为。上仁为之而无以为，上义为之而有以为。上礼为之而莫之应，则攘（ rǎng）臂而仍之。故失道而后德，失德而后仁，失仁而后义，失义而后礼。夫礼者，忠信之薄，而乱之首。前识者，道之华，而愚之始。是以大丈夫处其厚不处其薄；处其实不居其华。故去彼取此。

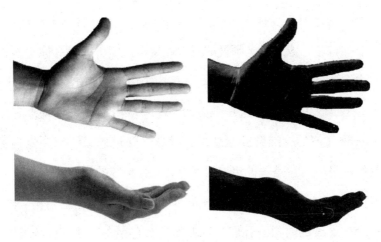

手掌转动形成不同的投影

所以从这个角度讲，"明德"就是指 N 维宇宙空间的智慧。归于道，就是说在道的境界，明明德就是提升维度。这就是我们讲的正能量，提升能量，向自由度高的方向的能量叫正能量，明明德就是提升正能量。

刘宏毅：是不是有不同的层次的明德呢？

刘丰：是的，因为从"三维境界"的明德到"四维境界"的明德，从"四维境界"的明德到"五维境界"的明德，就这么一步一步，最后达到 N 维（N 趋于无穷大），也就是明明德，就是明那个彻底的明德，到彻悟的境界，那就是我们所谓的真正"明心见性"，所谓的"无极"。道的最高境界叫无极，只有 N 维宇宙空间（N 趋于无穷大）的宇宙智慧，才能堪称无极。

刘宏毅：好，这是我们从东西方两个角度，对明德进行了剖析。所谓"明明德"，"明"是你提升自身意识能量自由度这样一个过程，"明德"是纵向的提升意识能量的自由度。我们现在关注的是平面的扩展，财富的积累、知识的积累都是二维平面的扩展，老实讲是没有意义的。在一定范围里，财富、知识对你是有用的，但是超过了这个界限，它就变成了一种障碍，知识变成了所知障，财富变成了对你的一种束缚、一种约束。我们要做的是，纵向去提升你自己，像刘丰老师说的意识能量自由度，就提升你明德的境界。

这个在道理上就叫作"中庸"。什么叫中庸？不好不坏，我取个中吧；不左不右，我来个中间吧。这是平面的，这个取中的概念，就没有任何意义。中庸是一种立体的、提升的概念，它超越了好超越了坏，又包容了好与坏，又不是好不是坏，它是一种超越的境界，一种包容的境界。

我们真正对中国的儒家经典理解了吗？当我们说它是糟粕，当我们说它束缚社会的发展的时候，我们是否考虑到，它存在了几千年的意义何在？我们说中国的传统教育是摧残人性，我们一代一代摧残下去，中国几千年来出了那么多的圣人，都是被摧残出来的吗？所以当我们下结论的时候，要多问几个为什么，这是关于"明明德"。

刘丰：我再补充一下"明明德"这个概念。我们用科学来讲，为什么这个"明明德"叫作大学之道？因为一维空间是一条线，我们一个人的一辈子，都不可能把一条线上所有的信息全部抓到，因为它是从正无穷到负无穷，而且线外一点，我们永远无法企及。二维是一个面，它虽然能够集成所有一维线的信息，但是人的一生，把人类所有知识加起来，都不可能把二维空间延伸到无穷远的这些信息全部抓到，我们创造再多二维空间的信息，信息量再大，离开这平面一点，我们都无法企及。三维是立体空间，这是我们最熟悉的，我们在现实中创造无穷多的繁荣，创造再多的知识，创造再多所谓文化体系，等等，只要有形有像，在三维空间里呈现得再多你也不如跳到第四维，到第四维就有无穷多的三维，那时候我们在三维所拥有的一切，就变成无穷分之一了，到第五维就变成无穷平方分之一，到六维变成无穷的三次方分之一，到了 N 维（N 趋于无穷大）变成无穷的无穷次方分之一。所以说，我们三维空间里面所创造的一切，到了 N 维，到了"明德"那个境界，就变得微不足道了。

从这里我们得到一个非常重要的概念：人生的根本意义是，提升意识能量的自由度。当你知道人生的意义所在的时候，这才知道《大学》要表达的到底是什么，它讲的是实现我们人生的价值。这个人生价值的概念，我换一个角度来说：一维空间是一条线，我怎么打扮它都不会美；二维是一个面，我可以画一个很美的图画，我们说二维的美感，比一维美无穷多倍；再美的图画，也不如把它变成立体的，这样就可以画中游。根据数学归纳法的逻辑，我们可以推断出这样一个结论：每多一维境界，我们产生的美感就会多无穷多倍。可是，当人死的时候，意识如果停留在三维空间，能看到现实，但参与不了。我们周围充满了这样的自由能量，这就是所谓的"孤魂野鬼"。

刘宏毅：刘丰老师在这里提出了一个关键的问题，我们都想蹦出三维到四维看一眼，我怎么蹦上去？这是关键，就看一眼就行，不想多看。（笑）

二、修炼方法

刘宏毅：接下来介绍方法，怎样才能够做到"明明德"呢？亲民。我们刚才谈了，这叫作"为人民服务"。实际上，它前面还有四个字的定语，叫作"全心全意为人民服务"。用今天的价值观来讲，我们可能会说这个人是傻子，世界上还有这种人？在世人的眼里我是傻子，刘老师可能是大傻子，我们俩加起来就是傻子的平方。那我们为什么要去干这种傻事？《大学》对"亲民"的论述，就是要告诉我们这个问题的答案。

我在国外生活了很多年，每天早晨外出一定向碰到的第一个人问好，Good morning！但我在这儿早上起来，我碰见一个人说"早晨好！"，他一定认为我疯了，干吗呢你，想骗我呀？环境不一样了。就是说，当你在亲民的过程当中，如果智慧不够，可能好心没好报。但是没有关系，为什么？我们看到的众生身上的一切毛病，实际上都是你潜意识里东西的外现化，所以《坛经》里说，"若真修道人，不见世间过"，真正的修道人看不见这个世间的过；"若见世间过，是非便是左"，如果看见了，那你心里一定还有一个是非。你潜意识里的东西曝光了，没有了，将来就不会再出来了，所以说你一定要亲民。

还有，真正的亲民，实际上是锻炼自己的过程，是培养自己的过程。老子在《道德经》里说，这个世间的道在哪里？道是不是在很高的地方？没有，他说"处众人之所恶，故几于道"。他说你到了世间，大家都讨厌的地方，大家都不愿意要的地方，大家都不愿意做的事，那个地方才是真正的道之所在。庄子就说得更彻底了，他说道在砖头瓦块里边，道在屎尿里边，道在世间最低、最低，没法再低的那个地方。这就是为什么要亲民，为什么要走到世间去，走到世间最底层去，只有这样，你触底反弹的力量才大。而且，在反弹的过程当中，在你亲民的过程当中，你和外界任何事物之间的关系是一种能量交换，你把需要的能量交换来，你不需要的能量交换去。因此，我们感谢世间一切的好人，他给我正能量；我感谢世间一切的恶人，他把我身体里的负能量吸走了。你看，是不是这样？（鼓掌）

这个亲民的过程，在现代科学的语境里面，怎么样做更深的解释呢？

刘丰：刚才我们说了一个原理，低维空间的事物是高维空间的投影，我们在三维空间看到的一切事物，都是高维空间的投影。什么是高维空间？就是我们内在的意识空间，也就是说，到了第四维其实已经不是我们在三维看到的这个世界了，不是我们的眼耳鼻舌身所感受到的，而是进入我们的意识能量状态。这个宇宙空间的能量是一体的，我们刚才说它的连续性，从一维、二维、三维、四维一直到 N 维（N 趋于无穷大），是一个整体，而整体内各个维度之间的关联是投影关系，只是因为我们执着在三维空间、时间的认知里了。在这个三维空间里面，时间是一个常量。当时间是常量的时候，我们认为自己看到的一切都是实实在在的。可是进入我们内在意识层的时候会有第四维，为什么呢？很简单，打一个比方。我们每个人都做梦，有时候我们中午睡一小觉，五分钟，觉得做了一个很长的梦。这个事实告诉我们，梦境中时间是无序的，梦境中的时间跟我们现实中的不一样。有一个电影叫《盗梦空间》，把这一事实描述得非常精彩。电影里面提到，在梦境中，时间是变量。当时间是变量时，就多了一个维度。相对论也告诉我们：当物体接近光速运动的时候，时间会变慢。在三维空间里面，时间是个常量，当时间成为变量的时候，等于多了一个自由度，这个时候就进入第四维了，而第四维与第三维的关系是投影关系。前面说过，一个三维的物体，有多少个二维投影呢？答案是，有无穷多的二维投影。照此推理，第四维有无穷多的三维投影。我们现在的状态，只是无穷多个三维投影之一。

投影的像上的信息取决于什么？取决于投影源里的信息，投影源里有什么，才能投影出什么来，这就是投影源和投影之间的关系。那么投影是在什么状态呢？因为梦境具有高维属性，而梦境是人的一种意识状态，因此意识就具备高维属性，它就在第四维以上了。在第四维以上的意识，就是我们现实一切事物的投影源，它能够投影出不同的三维空间。但因为我们共同执着在这个三维空间里，其时间是按照格林尼治天文台的石英振子的振动频率界定的。三维空间的一切都是以此时空关系界定的。

大家知道，我们每天接触的所有事情，其实它的根源全是"投影源"，那我们借用"投影"和"投影源"的比喻来看：《大学》里面说的"民"是什么？是指外面"投影"出来的人，看到的一切事物全是我们自己内在的"投影"。也就是说，没有任何一件事情不跟我们内在认知相关联，外面的世界只是我们"投影"出的像而已。

当我们知道这个概念的时候，就知道了所谓的亲民，是我们跟外面的世界交流，看到外面世界的像，从而觉察这个像，再提示我们内在存在一个什么样的认知，即"投影源"里有一个什么认知。所有认知都是障碍。我借这几张纸来说，这张纸是二维的，当我把它挡在眼前的时候，我只能看到二维，看不到三维；当我把我眼前的二维的事物拿掉的时候，我得三维智慧，这也就是我们所谓的三维认知挡在我们的意识之中的时候。大家意识中充满了三维认知，那些三维认知挡住我们，使我们得不到四维智慧，当我们把最后一个三维认知拿掉的时候就得四维智慧。

我们看到的一切事物，都是内在认知在这个世界间的"投影"，而所有认知都是障碍。因为对有限认知的执着，我们无法与内在具足圆满的智慧连接。为什么说"具足圆满"？这也是"明德"的根本境界，跟我们每个人是完全一体的。因为当我们用"能量波"的概念描述一切存在的时候，会发现我手指尖的一个质点，由屋子里不同灯发出的波延伸来看，这个宇宙空间的所有能量波都会通过这一个质点，所以这一个质点具足宇宙中的所有信息和它们的相互关系，这也是"宇宙全息律"的核心思想。一个质点里面都具足宇宙中的所有智慧，更何况我们每一个人呢。因此，每一个人内在智慧都具足圆满。但为什么世人不能呈现出那种具足圆满的智慧状态，或者说那种明德的境界呢？释迦牟尼佛又说："皆因妄想执着和颠倒梦想不能证得。"此"妄想执着"，就是我们的有限认知，所有认知都是回归内在具足智慧的障碍。"颠倒梦想"指的是我们以为外面的世界是所谓客观，而我们看到的世界是我们的主观对客观的反映。其实我们内在是"投影源"，外面是"投影"出来的像，这是所谓的颠倒。当颠倒的时候，就把一切的根源设定在外面的"投影像"上，我们就永远不可能跟内在具足圆满的智慧连接，也就是说，在外面，永远求不到"道"！

因此，一切障碍都是我们自己的认知。我们通过外面的世界，参与外面的世界的同时，发现自己的认知障碍是什么，当把它颠覆，就是所谓的"消业"。

所以说，外面世界的一切帮助我们发现和觉知我们的认知是什么，参与外面世界的事情本身，就是让我们发现自己的障碍是什么，这在佛家叫"烦恼即菩提"。一个罗汉是把自己的烦恼全都转化成智慧了，所以他是觉者，他自己没有烦恼。菩萨是什么？他叫觉有情，他自觉觉他，他把别人的烦恼也当自己的烦恼去解，因此他比罗汉多了无穷多倍的得智慧的机会，因此他的智慧境界要高得多，直到所有众生的烦恼都被解决了，他觉行圆满了，才能成为佛，他才到了那个"明德"的境界。而这个过程恰好就是"明明德"的过程，所以说，亲民本身就是在入世的每一个当下，去觉察自己的认知，然后把这个认知颠覆。

《零极限》这本书里面说了一句话，"我们要对自己面对的一切承担百分之百的责任"。也就是说，在这个世间看到的一切，没有一件事与我们无关，一切呈现都是内在认知的投影，每一个当下都是提升的机缘，每一个烦恼都是得智慧的机会。在亲民的过程中，化解别人烦恼的同时，实际是在解决自己的烦恼。当你进入这种认知的时候，就是所谓的发菩提心，就是"度尽一切众生"，就是消除自己的一切妄念，当自己的一切妄念全部转化，全部被

"灭度"的时候，进入一种状态叫"涅槃寂静"。在那个状态下不执于一念，因为一念一众生，一个念就是一个正弦波，起一个正弦波，就等于起了一个众生。所以地藏菩萨说"地狱不空，誓不成佛"，他说了一句非常科学的话，只要他心里有一个鬼他就不是佛，这非常科学，因为一切是他内在的"投影"。所以，亲民实际是指入世的心法，就是入世修炼。

刘宏毅：在这提出两个问题，第一个问题就是，亲民为什么要放在明明德之后？我先亲民不是更能明明德吗？

刘丰：这个问题特别好。我们要走路的话，一定要知道方向；我们要上山，要知道山顶在哪。如果我们不知道方向的话，就可能在这个人世间乱混。所以，当我们知道方向了以后，就知道每一件事在告诉我们什么。这就可以解释，你知道大的目标是要明德，而要明明德的时候，你再看世间的事情，你才能得到世间一切应用题的正解，才能读懂这道题。我们在现实中遇到的每件事情，其实都是我们心灵成长的应用题，但当我们没有方向的时候，我们往往把一道应用题当语文题来解，所以没有读懂，只有当我们知道方向的时候，我们才真正有可能读懂这道题。

刘宏毅：我想起一句话，我们都是出色地学了很多没用的东西，然后精神抖擞地走向失败。（笑）

刘丰：这就是为什么说"悟后起修"，对方向觉悟了，知道方向并升起达到"明德"境界的大愿，在现实中遇到所有困难都可以超越。用上山来做比喻，当攀登一座小山的时候你觉得它是座山，但当我们登上更高峰的时候，回头看这座山就像是一个小土包，根本不是山，这就叫"会当凌绝顶，一览众山小"。可是如果你把眼前这座山当成人生的唯一目标的话，可能你一辈子都不见得爬得上去，还累得气喘吁吁的；但如果把最高境界的山当目标，眼

前这座山必须得过去，动作还得快，姿势还得优美，还得潇洒。（掌声）

有大愿的人，在现实之中，就有大力量，他就会爆发出无穷的心力，这就是，当有"明明德"这个大方向的时候，我们在亲民的时候方向就会非常明确，不退转。所以有大愿的人，在现实中没大事。（掌声）

刘宏毅：禅宗有一句话，叫"悟后起修"，又叫"破参起修"，是说没破参的、参话头没破初关的人，是没办法起修的，否则就是盲修瞎练，劳民伤财。一定要明明德之后才修。例如，想做善事，你得知道众生需要什么，否则你那个善心不一定能得善果。所以，"亲民"一定是在明明德之后，这是一方面。

还有一个就是亲民的过程，一定是有次第的。孟子即针对亲民，把它展开谈。他把"亲民"分为三个层次："亲亲，仁民，爱物。"首先是"亲亲"，亲是跟你有血缘关系的、离你最近的人，亲民一定是从身边的人开始做起，一定是从最亲近的人做起。他们最关心你，最爱你，与你的能量最接近，这样修行起来最快。然后是"仁民"，开始爱你的同类，把你的爱心展开去，由家里人到外边的人，到你的同类。最后是"爱物"，爱植物，爱动物，爱地球，等等。有些人，家里一团糟，小孩子嗷嗷叫，他几年不见人影，说是跑到西藏救藏羚羊去了。先救救自己的孩子吧！可见"亲民"一定要有个次第，否则世法就乱了。

儒家讲的仁爱是有等差的，不像墨家开始就要博爱，那是仁的境界，太高了，普通人做不到的。儒家批评墨家无父无君，因为在他们眼中，我爹跟你爹是一样的，平等的。你爹是你爹，我爹是我爹，怎么会平等呢？只要你不觉悟，这个爱一定是有分别的。中国学术史上有一轶事。黄侃曾与胡适同在北大讲学，有一次宴会上，胡适谈到墨学，滔滔不绝。黄侃便在一旁骂道：

"现在讲墨学的人都是些混账王八。"胡适脸涨得通红。黄侃接着骂道："即便适之的尊翁，也是混账王八！"胡适大怒。黄侃却大笑道："且息怒。墨子兼爱是无父也，你今有父，何足以谈论墨学？我非骂你，不过聊试之耳。"举座哗然大笑。所以，"亲民"一定是有层次的，否则在众人眼里，这个人有毛病，放着自己的父母不供养，却跑去供养和尚、喇嘛，你不是有毛病嘛！

以前读私塾，都要学《三字经》、《千字文》和《百家姓》，为什么要念《百家姓》呢？为了认识几个姓氏杂字？不是的，而是当你读《百家姓》的时候，"赵钱孙李，周吴郑王，冯陈褚卫，蒋沈韩杨……"你的心会一圈一圈，扩大开来，超越了我姓刘的，还有千姓万氏，小孩在读的时候，他的心胸会一点点扩大，这是潜移默化的功夫。没告诉你道理，你照着去做就会受益。我们现在教育孩子，说外面都是骗子，把你的东西看好了。孩子的心缩得很紧，他能展开吗？展不开！所以说大学之道，一定有它安排的道理，这是"亲民"。

我们有明明德，有亲民了，这个明明德，这个亲民，要做到至善圆满的程度，就是最后一个境界，叫作"止于至善"。此"善"不是善恶是非的善，善恶、是非、美丑，是二元对立概念，有善就有恶，有美就有丑，它是对立的。《大学》里的"至善"是超越二元的，没有善，没有恶，既包容善，也包容恶，这叫作"至善"。

如果把"明明德"叫自觉，"亲民"就是觉他，"止于至善"就是觉行圆满。如果把"明明德"的人叫罗汉，"亲民"的人就是菩萨，"止于至善"的人就叫佛；在儒家，把"明明德"的人叫君子，"亲民"的人叫贤人，"止于至善"的人叫圣人；在道家，把"明明德"的人叫真人，"亲民"的人叫至人，"止于至善"的人叫神仙。你看，无论是佛家、儒家、道家，无论是哪种文化，虽然体系不一样，讲的层次是一样的，最后一定要到达那个至善圆满的状态。

说到这里，问题出来了。为什么在中国文化里面，特别是佛家，把这个"善"叫染法？污染的染，善也是一种污染。说恶是一种污染可以，为什么善也是一种污染呢？因为善与恶是相对来讲的，行善去恶，恶去了留一个善，还是留了一个尾巴！这在佛法上，叫有漏的福报，还有一个漏。为什么有一个漏？因为有一个不圆满的"善"留在那里。有一句话叫"着功德相"，因为在你行善的时候，有一个"我"在，我行善，我做功德，我要得回报，始终有一个我在，只要有我在，你得到的这个福报就是有漏的、不究竟的，就不是至善，至善是超越了我的。

我们都读过《论语》，《论语》里边有这样的话：季文子三思而后行。子闻之，曰："再，斯可矣。"季文子是鲁国的大夫，做事要三思而后行。孔子认为三思太过了，没有必要，二思就足够了。再，二的意思。三思跟二思，有什么本质上的区别吗？就差一思，一个被孔子否定，一个被孔子肯定。到底是什么意思呢？季文子的意思是，在处理一件事的时候，要三思，要考虑我你他三方面的立场、观点和利益关系，这应该很全面了吧？孔子说没必要，二思可矣，把"我"去掉就圆满了。把"我"掺杂在里面，一百思也还是有漏，摆不平。所以，要把"小我"去掉。

在《孟子》这部书里，把破除"小我"叫作"尽心"。尽心，把你那个有漏的心，有分别的心，一点一点扩充到尽头，这个功夫就是"明明德"。开始的明德像初三的月牙，然后是初八的上弦月，最后到十五的满月，这是"明明德"的过程。尽心也一样，一层一层推进，当你尽心圆满的时候，这个心就不叫心了，叫什么？叫作性，"尽心所以复性"，就是你自己的本性显现出来了，佛家叫"明心见性"，儒家叫"止于至善"。如果不能够超越世间的善法，你所做的一切都只能得福报，不是功德，真正的德是没有分别的，没有"我见"的，从超越的层次来讲，"亲民"根本就没有什么功德。

《金刚经》里没有度众生的概念，它说"实无众生可灭度者"，根本就没有一个众生可让你度的，度了半天是度你自己。亲民，亲了半天是亲你自己，肥水没外流呀，有什么不乐意做的呢？"君子乐得为君子，小人冤枉做小人。"世间的情况就是如此，这叫作"止于至善"，这个善也可以理解成完善、圆满，是无上正等正觉那个大圆满，涅槃寂静的境界。

"止于至善"是一种最高的佛的境界了，用刘丰老师的话说，叫作 N 维宇宙空间，N 趋向于无穷大吧？（笑）

刘丰："至善"其实就是我们讲的那个无漏的境界，就是宇宙智慧的最高境界，我们把它称为至善。我觉得刘老师解说得非常好，这个善是圆满的，是彻底的圆满，彻悟到那个宇宙整体空性里面。所谓空性是能量具足的状态，但又不执着于任何一个中间态，这就是止于至善。

现在从科学角度来讲所谓的善恶。既然我们生命的意义是提升自由度，而障碍我们自由度的是认知，那我们的认知就像这张纸挡在眼前，这就是认知在障碍，其实善和恶都在同样一张纸上。善，是一个方法，它不是一个目的，为什么呢？因为杀盗淫妄酒是一些强刺激，这些强刺激让我们很难拿掉，我杀了人怕人找我偿命，偷了东西怕人来抓我，天天提着心，就牢牢地把我困在这个三维认知状态里边了。而像仁义礼智信这些善念呢，它是些平和的东西，当我们在渐修的时候，我们不断地把仁义礼智信充入我们的意识，把杀盗淫妄酒给它挤出去，最后当全是善的时候，就容易拿掉了。善其实是容易拿掉的认知，如果我们把这个善强烈地留在意识之中的话，就是障碍了，就是着功德相。就像梁武帝，让那么多人修佛，修了那么多的寺庙，他问达摩祖师，我有多少功德，达摩祖师说"实无功德"，那是积累了福德，是在三维空间创造了所谓的福德，它可以转化成你的福报，但没有任何功德，功德是纵向提升的，因为所有的善恶，都是在同一个层次上的。

人和蚂蚁之间是没有是非的，只有蚂蚁跟蚂蚁有是非，如果我们在蚂蚁的是非里纠结的话，我们根本不可能到人的境界，所以说蚂蚁的善恶跟人没关系，三维的善恶跟四维没关系，四维的善恶跟五维没关系，真正的善本身，只是在某一个层次上的一个方面。当然，有的人可以在大恶中放下屠刀立地成佛，当把善恶全部放下的时候，一下超脱出来了，从而顿悟，完全不纠结在那个行为、那个状态里边了。

所以，"止于至善"里面，这个"善"和我们说的善恶的善不一样，但是善恶确实是一种法，是一个方法。为什么各类宗教让大家行善，很多人以为，所有宗教的相同点是劝人行善，这是大家特别常用的一句话，其实这不是本质。所有宗教的本质在于让人们觉醒，让人们真正地唤醒个人内在具足圆满的智慧，让我们跟我们自性圆满的 N 维宇宙空间的智慧合一，提升到那个境界，这是所有宗教指向的方向。至于"善"，只是说在这个空间里面，我们用这个善来替掉那个恶，然后再把善拿掉。

刚才刘宏毅老师还讲到亲民的含义，亲民确实是有层次的。因为"失道而后德，失德而后仁"。什么意思呢？在能量境界中，从四维空间进入三维空间，我们能感受到的最大能量其实就是仁，就是大爱。大爱的代表是太阳，我们看太阳的特点是什么？它无分别，它不会因为一个人是好人多给他点，一个人是坏人少给他点，这叫大爱。爱是我们在三维空间里能感受到最高境界的能量。爱之上的能量，不超越三维认知的人根本感受不到。也就是说，四维的能量境界和五维能量境界，它们都转化成爱的形式，呈现在这个世界上了，像太阳一样。

这么大的爱，这么大的能量，就叫"失德而后仁"，离开德的境界进入仁的境界。大家看这个"仁"，它是一个立人加一个二，它是两个人，这是一个有形的人，一个是构成这个有形人背后的能量，那个无形的人，它是波粒二象性，它是临界态，是高维空间进入三维空间的临界态。我们知道那是一个通道，所以说爱是我们通向高维的一个通道。

这么大的能量，我用一个放大镜把它聚焦到一点，大家知道会出现的情况，在焦点上，放什么东西都会被它烧毁了。这就得出一个非常重要的概念：一切狭隘的爱对人都是伤害。那我们的亲情关系是在表达什么呢？实际上，我们的亲情关系，就是选择了两个人或者说一个家庭，共同学会爱和被爱。爱和被爱是什么？它不是情绪，不是欲望，是感恩、接受、原谅、包容。当我们这个家庭学会了彼此无条件的感恩、接受、原谅、包容以后，再共同把这个爱放大给世界。这就是亲民的不同的层次，这样的婚姻关系、这样的家庭关系日久弥新。所以，当我们理解了这个爱在亲民的层次里面，我们就理解了修身、齐家、治国、平天下。

在"止于至善"和"亲民"这个话题里，它们与"明明德"实际是一体的，因为到了明德境界，就是至善的境界。大家请注意，"明明德"指的是德在层次上、在维度上的状态，而"亲民"是在我们三维空间的人生的实践，在这个实践活动里边，也包含它的层次，也就是我们由近及远、由此及彼的过程。

刘宏毅：对，也可以说"明明德"是起点，"亲民"是过程，"止于至善"是目标。从字源学上讲，"善"字上面一个羊，底下一个口，中间一个草，就是羊吃草，羊草口变成善字，羊吃草叫善。吉祥的祥，美好的美，凡是好的事情，都跟羊有关系，为什么呢？羊吃草就是善，那牛吃草就不善了？不是这意思。羊吃草是基于它本性来的。牛呢，现在人让它吃饲料，不让它吃草了，所以牛疯了，是吧？（笑）因此红肉里最贵的是羊肉。凡是顺着自己本性下来的，就是自然的，顺着本性下来的就叫善。恶字呢？上面是一个亚，底下是一个心，亚心是第二心，不是你当下的直觉，是经过你的价值观、判断污染过做出的决定，二心，一定是恶的。从字源学上讲，无论善恶，最终都要超越，才能到达"止于至善"的境界。

三、《大学》用三个"在"字表达了什么

刘宏毅："大学之道，在明明德，在亲民，在止于至善。"我们刚才是将其分成三个并列的题目来论说的。为什么此处要用三个"在"字？"在明明德，在亲民，在止于至善"，三个"在"字在这里起什么作用？

第一个"在"，意思是当下。"明明德"一定是当下的"明明德"，你说我去年觉悟过，太远了吧？跟你当下有什么关系呢？当下你做的糊涂事，跟你去年觉悟有什么关系呢？所谓的唤醒，一定是持续的自我唤醒。像早晨闹钟一响，你跟着的习惯动作是把闹铃一摁，接着再睡一会儿。那这闹铃有什么用？你得持续唤醒。所以"明明德"、"亲民"、"止于至善"，一定是当下的。

第二个"在"，是把这三项并列的内容混为一体，由三而二而一，就是"明明德"、"亲民"、"止于至善"，是三位一体的。明明德的同时就是亲民，亲民的过程就是促进明明德，最后的结果就是止于至善，三者是同步一体的。王阳明对此说得最彻底，他说明明德叫"知"，亲民叫"行"，止于至善就是"知行合一"。一个是知，一个是行，一个是合一，知行本来是合一的，当你

说疼的时候一定是已经疼了，不是说先有一个定义叫疼，然后再去感觉一下，最后合一了，我疼了。没有，说疼一定是疼了！同样，说冷一定是已经冷了，说饿一定是已经饿了，它是同时发生的，分不开。大学之道的明明德、亲民、止于至善，也一定是同时发生的。朱熹老夫子大概就没明白这个道理，所以把明明德、亲民、止于至善当成三件事，亲民他做不了，因此就改了一个字，叫新民，我明明德了，跟以前不一样，以前我是个旧民，现在我是新民了，洗心革面了，所以"明明德，新民，止于至善"，要知道这三个内容是一回事，这个字就不能改，不能换。

刘丰：为什么说"在"，我从科学的角度给大家解释一下。刚才刘宏毅老师说"在"其实是当下。为什么"在"是当下？给大家讲很简单的科学道理："刚才、一会儿、过去、未来"，全是三维认知，我们在这个认知里面，连四维都到不了，更不用说高维了。而我们与高维的联结，只有当下才能呈现。《金刚经》里所说"过去心不可得，未来心不可得，现在心不可得"，也正是这个意思。而"亲民"，也是发生在当下，投影与投影源合一于当下，乃即心即佛，一念天堂，一念地狱。只有当下这一刻，是跟 N 维宇宙空间（N 趋于无穷大）相关联的。这是禅的境界，即所谓离一切相，没有对任何相的执着，在这一刻，与高维是联结的。而在现实人生的每一个当下所面临的人生课题就是在亲民。

我有一个朋友在美国，我经常举他的例子。他是一位中医，生意非常好，后来，他办了一所中医药大学，是非盈利的，把自己整得特别忙。就有朋友跟我说，你去看看那哥们儿是否着功德相了。我感觉不像，就去问他。我说："哥们儿，你在干吗呢，原来挺自在的，为什么整这么件事把自己忙成这样？"他说了一句话，给我非常大的启发，他说："我这个人业太重，我一个一个给人看病，到死也消不了我多少业，所以我得整个大的事，这大事使我随时警醒，别造业。同时，只要我做对一件事，我能消很大的业。"这就是他在亲民过程中，选择了一种方式叫精进。我们在入世的时候，选择任何一件事业，其实都是让我们自己有更多的机会，去面对我们内在认知的呈现。

古代，一个人一辈子见过的人、走过的路、经历的事，我们现代人一个月就搞定了。因此，我们现代人面临的修行环境，是一个非常非常宝贵的有限的环境。在入世的时候，如果你能在每一个当下去觉知内在认知的呈现，并在每一个当下颠覆有限认知，在如此精进的亲民过程中，内在提升的速度是难以想象的，而我们今生今世的提升空间是无止境的。现代人打坐一小时，可以跟古代人打坐好几天相比，效果可能更好，因为我们现在的环境，周围整个能量场系统和信息系统，比过去复杂多了，我们其实很难找到一片非常纯净的适合我们修炼的空间，但是如果在这么嘈杂的空间中，你能在一念之间，让自己的心彻底静下来，在那个当下，你去觉知跟智慧通达的那个状态，这是入世禅，当下每一个空间、每一件事都是修行的道场与题目。（掌声）

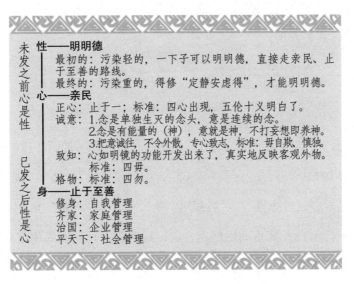

性——明明德
最初的：污染轻的，一下子可以明明德，直接走亲民、止于至善的路线。
最终的：污染重的，得修"定静安虑得"，才能明明德。

心——亲民
正心：止于一；标准：四心出现，五伦十义明白了。
诚意：1.念是单独生灭的念头，意是连续的念。
　　　2.念是有能量的（神），意就是神，不打妄想即养神。
　　　3.把意诚往，不令外散，专心致志，标准：毋自欺、慎独。
致知：心如明镜的功能开发出来了，真实地反映客观外物。
　　　标准：四毋。
格物：标准：四勿。

身——止于至善
修身：自我管理
齐家：家庭管理
治国：企业管理
平天下：社会管理

未发之前心是性
已发之后性是心

第三节 《大学》第一功——止

刘宏毅：上面讲了三纲：明明德，亲民，止于至善。明明德的最高境界，实际上就是至善，至善实际上就是明明德，两个说的是一回事，这是分开来讲的。中间这个过程，入手的方法是亲民，通过有境界的亲民，来达到不同层次的明德，最后达到至善的状态。但这里用了一个字——"止"，止于至善。什么叫作"止"？《大学》接下来就是"知止而后有定，定而后能静，静而后能安，安而后能虑，虑而后能得"。先提出止，止完了以后得到了五个境界，叫"定，静，安，虑，得"，我们下面就讲第一个境界。

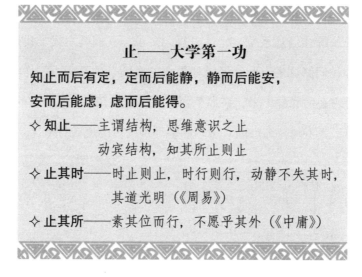

止——大学第一功

知止而后有定，定而后能静，静而后能安，

安而后能虑，虑而后能得。

◇ **知止**——主谓结构，思维意识之止

动宾结构，知其所止则止

◇ **止其时**——时止则止，时行则行，动静不失其时，

其道光明（《周易》）

◇ **止其所**——素其位而行，不愿乎其外（《中庸》）

"知止而后有定，定而后能静。"大家看，它用的字是不一样的，"知止而后有定"，用的是"有"；"定而后能静"，用的是"能"；然后"静而后能安，安而后能虑，虑而后能得"，后边都用"能"。"有"和"能"区别在哪里？把它们换一下行不行？知止而后能定，定而后有静，行吗？如果说不行，为什么不行？这是第一个问题。第二，什么叫作"知止"，是那个知，止了，还是

我要知道那个止？这是不一样的，在修行上是两回事，这是介绍的方法。

你看，《大学》里没有什么高深的文字，没有谈玄说妙，每个字你都认识，每句话都很质朴，但是每一字都有深深的意义在里边。

这个"止"字的最初始状态，是人的脚趾，它有两个含义：第一，脚趾指的方向，就是你要行进的方向，止是告诉你前进的方向；第二，脚踏上以后的状态就是止，即使在奔跑当中，也始终有一只脚在止的状态，只是停顿时间的长短不同而已。但是，止和停还不是一个概念。

"知止而后有定"，"有"是自然而然的一个因果关系，止是因，定是果，只要止了就有定，但是定而后能不能静呢？不一定，定而后能静，换句话说定而后还能不静呢，后边没有必然的因果联系，但你要想得定，一定要"知止"，止不住，就定不了。船之所以有锚，就是船在港口的时候需要有定，就要把锚放下去；拴马有拴马的桩子，拴猴有拴猴的柱子，因为动物是会跑的，要把它定住，就要用止的方法。你要定在那个至善的境界里面，是有方法的，这就是《大学》里给出的第一个境界和根本的方法，就是这个"止"。

我们刚才说了，"止"有两种解法，第一个是知止，"知"作为主语，"止"作为谓语，那个"知"止住了，如果把"知"理解为妄想、杂念，你的妄想杂念止了，你就处在定的状态了。当你专心致志在做一件事情的时候，就会得到定的境界。心不动的时候，看外物好像都静止了一样。武林高手能够后发先至，因为他在专注得近乎定的状态中，看对方打来的每一拳都是慢镜头。

今天有好多人着迷，"迷"也是一种定的境界。这个世界上有三迷：色迷、财迷、官迷。一个人能迷进去，肯定有一种专心致志的定的状态。当然，这个定叫邪定，佛法里叫"邪定聚"，因为不是正定，不会得正果的。定是共法，即便是魔也要修定法。定是个结果。我们会想,我怎么就定不住呀? 你"止"都没有做到,怎么可能得定呢? 所以最根本的还是要彻底理解这个"止"字。

南怀瑾先生《原本大学微言》里面谈的"知止",主要在止妄念,得根本心。

但是《大学》里面讲的知止,特别引了孔子的话和《诗经》里的话,它指的是第二个意思,"知"是个动词,"止"是知的宾语。"知止",时间上知道什么时候该止,空间上知道在什么位置上止。《周易》里称为"时止则止,时行则行",该止的时候就止,该行的时候就行。"知足不辱,知止不殆",这就是止。

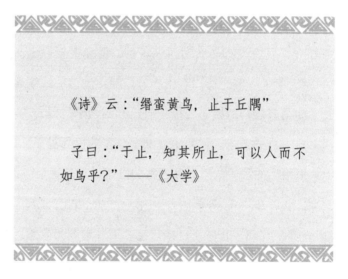

《诗》云:"缗蛮黄鸟,止于丘隅"

子曰:"于止,知其所止,可以人而不如鸟乎?"——《大学》

这是《大学》里的原文。读这段话的时候,想象这是一部电视剧,闭上眼睛读它,意境是很美的。春风,阳光,树木,黄鸟……黄鸟是很会叫的,"缗蛮黄鸟",缗蛮是象声词,是鸟儿叫起来的声音。"止于丘隅",在山坳里,一个避风的地方,一棵树上,跳啊跳,叫啊叫。树下有一个踱步的老人,看着鸟儿在叫,心生感慨,说了这么一句话:"于止,知其所止,可以人而不如鸟乎?"到了该止的时候就该止了啊,怎么人还不如鸟呢! 这是孔子对人生发出的感叹。鸟儿都知道该歇息的时候歇息，该娱乐的时候娱乐一下，人的那个贪心就没完没了，什么时候是个头儿啊！人怎么活得还不如鸟呢！这是孔子的话。

子曰："于止，知其所止"，是说人得适可而止，得给自己划定一个范围，在这个范围之内，你所做的一切是有效的；如果超过了这个范围，就会适得其反，形成障碍。知识多了叫所知障，什么叫所知障？所知障，障所知，你就没办法再吸收新的知识了。贪官魏鹏远，家里藏着上亿元现金，自己却骑个破自行车上班，辛辛苦苦帮政府看着钱，自己却不敢花。你说你图个什么呢？世间还有比他更傻、更冤大头的人吗？那么，在科学逻辑上，这个"止"应该如何解读呢？

刘丰：在科学的解读上，"止"实际就是一种达到一定自由度的状态，也就是说一个人知止，就是知道他在世间所有事物的边界条件。比如说他打篮球的时候，篮球规则在这个时候是原则，他不会轻易地去破坏这个原则，他知道止，有边界。知止，又不是一个盲目的知止，那它的自由度在哪儿呢？就是他在篮球场上的时候，篮球规则是他的原则，到排球场上，篮球规则跟他没关系。这也是对止的一种领悟，所以他表现的是一种自由度，他到哪儿就在哪个状态之中。知止需要的是智慧，所以他能够自在。就像在现实之中，我们在家庭里扮演家庭的角色，到公司里面扮演公司的角色。我在公司里当老板，我就要像一个老板；在家庭里面当家长，就要像一个家长，这是不同的境。如果他不知道，反过来就麻烦了。在公司里像家长，到家里面像老板，这肯定出问题。因此，知止体现的是自由度表达的一种境界。

可是一个不犯规的球员，绝对不是好球员。因为一切规矩都有它的局限，因此，在任何一个层次上，它的规矩都有局限，好球员知道，他通过几次犯规，就可以止住了，所以他不会无限制地犯规，这体现的是对游戏规则、边界条件的领悟。当一个人可以在他的人生的角色里面随意地切换，出离一个境，进入一个境，很自如，如果他没有具足的智慧，没有具足的自由度，他根本达不到。这叫"人道尽，佛道成"，这就是自由度所呈现的一种生命状态。

另外，"止"还有一层意义，在现实的三维空间的投影中要止其实很困难。因为如果心止不住的话，在现实中的行也止不住。打坐之人若心乱如麻一点用都没有。因此，真正的知止不是在物质空间里行为上的止，它是心的止。心归一处，心知道要止住，即使他在动也是止的状态，也是定的状态。所谓动中禅，即人在现实中，入敌军千军万马，取敌方上将头颅如探囊取物，说明他的心止于当下，可以把一切事物的时间分解！

我问过武林高手："你在搏击关键的那个状态之中，你看对方打过来的一拳，是不是慢动作？"他说，"你说对了！"他高度专注在当下的时候，已经超越三维认知所界定的时间关系了。当看到对方一拳打过来，他的意识将时间分解，在变慢的时间统御下，一切相的运动都变成了慢动作。因此，在真正的搏击里边，实际是靠内心禅定的功夫，搏击者内心能够在动中实现禅静，实现离相而专注于当下，这个时候的知止是达到了心的那种止。也就是"投影源"止了，这"投影"的像肯定是止。所以，真正的知止是在更高的境界，知止的境界，是最后止于一处，这一处是指 N 维宇宙空间（N 趋于无穷大）。

当我们心归一处的时候，就是《金刚经》中释迦牟尼佛和须菩提对话的时候，须菩提一开始就问："云何住，云何降伏其心？"意思是：我这心定在哪儿，放在什么地方才能降服一切妄念。释迦牟尼佛说的很简单："如是住，如是降伏其心"，即发"阿耨多罗三藐三菩提心"。就是你的心要放在无上正等正觉那个 N 维宇宙空间（N 趋于无穷大）的境界，就叫发大愿。当你的心止在那个状态的时候，你现实中的一切都是随动，可以在当下进入任何一个境，同时你又可以出离任何一个境，这叫"如去如来"。这个"止"，不是静止于一个位置一个空间状态中的止，它恰好是心归一处的止。因此，最后用"止于至善"，来表达止的功夫，它是自由度的一种呈现，自由度越高，止的功夫越高。

刘宏毅：对！我们看电影，电影屏幕的画面是动态的，上演一幕幕的故事。如果把放映机停掉，看那个胶片，每一个动作的分解，都是静态的图片。为什么静态的胶片，一转起来就变成动态画面了呢？因为人的视觉分辨速度有限，一秒钟超过 28 个依一定时序摄制的静止画面，借助人的视觉暂留，在人的视觉中就会造成动态再现的效果。因此，在高维度与低维度看到的定、谈到的定，不是一回事。

刚才刘丰老师讲到世间角色的问题。接下来孔子又举了一个例子，说"止"。提出在生活中与我们修行密切相关的两点：第一是知足知止。知足、戒贪、知止，什么事情够了就好了，不要贪多。因为贪和贫只有一点点的差别，这是"贪"字和"贫"字，你现在睁着眼睛看它几秒钟，我再问你哪个是贪，哪个是贫，你分不出来了，不信就试试看！（笑）

贪的结果一定是贫，人为什么贪，因为贫；为什么贫，因为贪。二者是互为因果的关系，明白了这个关系，人就容易知止了。贪字，上今下贝，"今贝"是眼前利益，眼前的利益诱惑你，让你起了欲望、贪心，这叫贪；贫是分贝，八刀分贝，八把刀分你已有的财富。那个今贝贪得来贪不来还不一定呢，但是八刀分一来，你就贫了，所以贪的结果一定是贫。明白了这个道理，世间的事情就没有什么可贪的了。

贫 贪

贪，今贝，觊觎眼前非分之财。

贫，八刀分贝，贪之果必贫。

德者本也，财者末也。货悖而入者亦悖而出。

这个世界的一切都是有因果的，你不会占便宜，也不会吃亏，要风物长宜，拉开来看，这是中国的文化。美国人标榜 AA 制，吃顿饭、喝个咖啡都是自己付自己的账，中国人不搞这套小鼻子小眼睛的事情。西方人对此不理解，其实中国人也是 AA 制的，这一次我请客付账，下一次该你了吧，这不也是 AA 制嘛，但是风物长宜，永远抓大的，没必要事事都分开算账，孟子叫"大而化之"。明白这个道理，你就知道该止在哪儿了。

另外，贵贱这两个字，实际上是你对待财富的态度。贱字，两戈争一贝，双方为争夺财富而大动干戈，其结果就是贱，谁的品位也不会很高。而真正的贵是四四方方的一个中，底下是财富，中间有一条线隔开，对待财富的态度一定是以道而得之，由正向而得的叫贵，贵人得到的是正能量，贱人得到的是负能量。因此，财富是分正负的。

贵 贱

"于止，知其所止"，第一是知其所止的时间，什么时候应该止；第二是止在什么空间、什么位置上。就是《大学》里说的："为人君止于仁，为人臣止于敬，为人子止于孝，为人父止于慈，与国人交止于敬。"每个人扮演的不同的社会角色，就是你的本分，就是你的命，你不要这个角色，就是不要命了。现在有很多不要命的人，当爹不是一个合格的爹，当丈夫不是一个合格的丈夫，当儿子不是一个合格的儿子，当伙计不是一个合格的伙计，当老板也不是一个合格的老板，这几个命全倒了，你还想有好命，这不是做梦吗？

孔子告诉你，"于止，知其所止"。你就止在自己的岗位上、本分上、本位上，这是你的命。"为人君，止于仁"，当老板就像个老板，要关心自己的部下；"为人臣，止于敬"，当伙计的就把自己的工作做好，爱岗敬业；当儿子的，就好好当个孝子；当父亲的，就做一个合格的父亲。与他人交往就要守信用，这是最基本的操守，得守这个德。

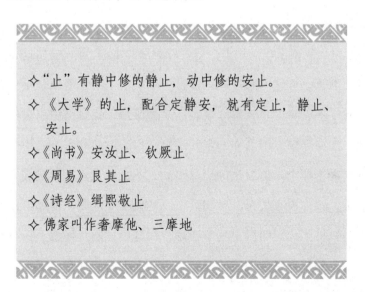

◇"止"有静中修的静止，动中修的安止。
◇《大学》的止，配合定静安，就有定止，静止、安止。
◇《尚书》安汝止、钦厥止
◇《周易》艮其止
◇《诗经》缉熙敬止
◇佛家叫作奢摩他、三摩地

形而上的道和德，层次太高了，不好落实。把它拉低了说，什么叫作道德？游戏规则叫道，遵守游戏规则就叫德，不遵守游戏规则就是违德，违德的时候道就不存在了，游戏就不能继续了。止于自己的空间位上，这是很重要的。在亲民的过程中，从身边的人开始做起，这就是止于至善，止于至善就超越了善恶的概念。当你做这些事的时候，没有任何的功德相在里边，当孝子有什么功德呀，需要什么奖励呀，你爹娘养大你就是最大的奖励，你还想要什么？我在公司好好工作，老板给你开工资就是奖励，此外你还想要什么奖励？这些都是你自己的命，你统统要做好的。

还有一个问题，每个人所处的层次是不一样的，例如，天地君亲师在高层次，妻子儿女在低层次，这个高低是一个自然位差，不是歧视性的高低。有在上位的，有在下位的，双方各走自己的道，两个境界，互不干涉。我们现在常犯的一个错误就是，老板对我不好，我凭什么对你好呢？你不仁我就不义，我就不给你好好干，资本家剥削我，我破坏生产工具，消极怠工。实际上，按照儒家的说法，这是不对的。为什么呢？因为他行他的道，你行你的道，你们俩没在一个道上；就像开车一样，自己走自己的车道，对方的车走对面的车道，互不干扰。如果你只看着对面的车道，你这边的规则就乱了。

所以，不管父母慈不慈，我只管自己孝不孝；不管老板仁不仁，我只管自己敬不敬；不管对方是否遵守规则，是否诚信，我自己说出去的话一定要践行，我一定要守信。因为你的空间维度、你的境界和对方是不一样的，你们俩隔着界呢，那个车道发生的交通事故，不会连累你、影响你，那个境界发生的灾难，跟你没有关系。换句话讲，老板不守规则，他那个层次产生的灾祸，不会牵扯到你。明白了这个道理，在这个世间，你就不再有任何的担心与恐惧了。如果你是天地间的资产，不是天地间的坏账，老天爷在审计的时候，绝不会清算到你头上来。（笑，掌声）

刘丰：这几句话也就是说明，每个人人生的应用题确实不一样，有的人这辈子是来超越情感的，有些人是来驾驭财富的，有些人是来超越贫穷的，有些人是来超越恐惧的。可是在现实中，大家都觉得自己要超越财富，所以很多问题就出现了，挣了钱结果情感出问题，天天提心吊胆，就是因为那些自己该做的题没有做。

现实中所有的关系，进入它们的"投影源"看，是相对固定的，这些关系在一个"投影面"里投影出一种像，在另一个投影面里投影出另外一个像。投影源里的关系在现实中被称为"缘"。佛家认为，一切的事物在三维空间发生时，不存在开始和结束，因为只有三维认知才有开始和结束，到第四维根本不存在开始和结束，故称之为"缘起"。（请参见前面手掌转动后不同的投影图。）我的大拇指跟小拇指，正面投影到这个面上，叫有缘无分；当我转90度，侧面投影过去，五个指头成为一体，叫缘分具足。实际上我们现实中的所有事物的关联，是在"投影源"里的，至于在投影的像上，投影出什么样的像，这跟投影像与投影源之间的空间位置相关联。

我举一个例子，如果把我们的生命看成是一个圆满的球的话，那它不同的切面就代表了我们不同的前世和来生，那么当我们每一世都变成标准的圆的时候，那里面的 N 趋于无穷多个圆才真正地圆满。如果我们在某一个地方有一个坑，一定会在那一个阶段、那一个投影面上看到一个坑，那就不圆满，当所有都圆满的时候，我们的生命内在才是真正圆满的。换一句话说，因为我们从外部看到的一切，其实都源于我们内在的投影源，我们累世扮演过所有我们见到的角色。你既当过国王也当过乞丐，你既有过钱也贫穷过。当你当国王的时候，你在修内圣外王的境界；当你贫穷的时候，你是在完成超越财富的修炼，可以真正地从贫穷走向富裕，你是要超越对财富的这种匮乏感。而当我们真正知道"止于至善"的时候，也就是我们相信我们真正本自具足的时候，这时候你是真正觉悟到了，这时你再看世间的一切，你就进入了更高的境界。

再比如说财富，一般人是在挣钱，是匮乏感，就像刚才刘宏毅老师说的这个贪，觉得自己需要从外面得到财富；到第二个境界他可能比较聪明，他可以创造一个系统让钱自动流向自己，他可以吸引财富；而真正到"止于至善"最高境界的人，他智慧通透了，他知道他自己具足圆满，"我就是财富，我在哪财富就在哪"，因为一切都是他自己创造的，是他内在创造的。当一个人自己内在有匮乏感的时候，他就在他内在输入一个指令，是"我没有"的指令，当我没有的指令被放大以后，他真正呈现的就是一个没有的状态。如果他呈现的是"我富足"这个概念，那他投射出来的像就是我富足，实际一切源于内在认知决定的是什么。

如果我们在教育小孩的时候说，外面的人都是骗子，谁也不要信。那这个孩子面对的世界，就是一个到处是骗子的世界。如果我告诉孩子让他学会付出爱，无条件地付出爱，那他投影出的世界就是周围充满了向他付出爱的人。这个世界其实就是，我们内在有什么，就投影出什么世界。

我有一次给一个企业上课，在这之前他们的销售总监给全体销售人员做动员，说"我们要培养一支狼性团队"。下来我就跟他说："哥们儿，你整一个狼性团队，那你周围全是狼，你等于在狼群里面，你说你在狼群里面踏实吗？如果你培养的是一个奉献的、充满爱心的团队，那你看到的世间的一切，全是充满爱心的。"那就是，我们心里怎么想，我们就吸引着什么样的能量，并呈现在我们现实中。

我从美国回中国之前，一次讲课前我的一位朋友跟我说，美国的人，他们不太了解中国的真实情况，说"你小子发懵呢，中国人谁听你说这些？他们只认钱"。因为很多中国人都在拼命挣钱，别人眼里看到的中国人是一帮拼命抢钱的人。但是我相信每一个人内在本自具足，每一个人都是完全可以自我唤醒的，是我自己的认知创造了我面对的实相。我第一课讲完了，学员就说："刘老师，我们愿意跟你一块做义工。"第二课讲完了，他们又说："刘老师，你怎么还不给我们安排任务？"

这就是说，我们自己认知的什么，我们就吸引什么。可以说，这几年来，我身边根本没见到贪婪的人，我吸引的全是充满了爱心、带着奉献精神的人。这就是我们内在有什么样的认知，我们就会吸引什么样的世界，就会投影出什么样的世界。我们看"止于至善"对我们内在具足圆满境界的信心有多强，我们在现实中就能投影出多么美妙的世界！

对于光也是这样，大部分人怕黑，找亮的地方；第二个境界的人可以吸引光，他是明星，光打到他身上来了；第三个境界的人认为"我就是光，我在哪儿哪儿就有亮儿"。光的面前哪有黑暗？只要光的面前出现黑暗，一定是有一个黑东西在自己认知里面障碍着呢，那个东西是你自己的，你给它拿掉就亮了。

当我们知道"止于至善"的境界、"明明德"的境界的时候，我们不断地给自己一个认知，就是我们每个人本自具足，这叫正信。如果你不相信你本自具足的话，你跟具足圆满的智慧就没有关系。佛教叫"信为道源功德母"，你不相信本自具足，你与你圆满的那个道没关系，你与所谓提升不同境界的功德与明德没有关系。

只有当你相信你本自具足的时候，你在现实里才能够不断地去印证本自具足，对本自具足充满信心。我们对爱也是这样，很多人是在求爱，希望别人爱自己；第二个境界的人会吸引爱，他会让自己更有魅力，吸引别人的爱；

第三个境界的人到了本自具足的境界，我就是爱，我在哪儿，爱就在哪儿。对知足也是，大部分人不知足，觉得自己匮乏，希望从外面得到补充；第二个境界的人认为，我够了，我不需要再多了；到"止于至善"的最高境界，我本自具足，我根本不需要从外边获得任何东西来填补我自己，一切都是自己化现创生的。你是美妙的，世界就是美妙的；你的内在是美好的，世界就是美好的，这就是投影源跟投影的关系，非常科学。（掌声）

刘宏毅：确实，《坛经》里谈到六祖慧能大师的开悟过程，实际上他是三次开悟，说"菩提本无树，明镜亦非台"的时候，那只是他第二次觉悟，还不是彻悟。当天夜里，五祖在小屋里边，又给他讲了一遍《金刚经》，他才彻底觉悟了。彻悟以后，他说了几句话："何期自性本自清净，何期自性本自具足，何期自性本不生灭，何期自性本无动摇，何期自性能生万法。"这是描述至善圆满的境界。

中国传统文化中"道德仁义礼智信"的维度解读

维度	中国传统描述	状态
N（N→∞）	大道	投影源
N到N-1	失道而后德	不同的道德层面
4到3	失德而后仁	临界态
N=3	失仁而后义（礼智信）	人类社会

好了，诸位朋友，我们今天晚上只给大家讲了九个字，"明明德，亲民，止于至善"。（掌声）

体悟《大学》的功夫，开启生命能量的通道

第二章

刘宏毅　刘　丰

刘宏毅：今天是大学之道的第二讲，我们来到了神玉博物馆。可能是天作之合，玉文化的呈现恰恰是一个自然的解读。因为大学之道讲的是内圣外王之道，内圣就是要"守身如玉"，大学的八步功夫：格物、致知、诚意、正心修的是内圣，修身、齐家、治国、平天下修的是外王。内圣是人格的养成，是自我的完善；外王是自己人生价值的实现。内圣是无条件的，任何人都可以实现；外王是有条件的，不是每个人都能够有权力、有舞台去实现外王的。但是，只要达到了内圣的标准，就有王者的资格。孔子又称为"素王"，什么叫素王？没有王冠，没有土地，没有王权，但他是王，王者的资格有了。释迦牟尼佛叫"空王"，他也没有王冠，没有土地，没有权力，但他王者的资格早已经立定了。所以，中国的文化叫王道的文化。

你自己修来的明德，那一点圣心，如果时代不允许，没有条件、没有舞台怎么办呢？这一点圣心就要藏在内心里，王字里面一点念什么字？"玉"！这就是中国文化为什么推崇玉，为什么君子终日行不离玉。孟子叫"穷则独善其身"。如果时代是一个盛世，有实现理想的外部条件，就要实现自己的人生价值，孟子叫作"达则兼善天下"，就是把自己的一点圣心放到外面去。一点放到王字的上面，念什么？念"主"。一身之主就叫修身，一家之主就叫齐家，一国之主就叫治国，天下之主就叫作平天下。修身、齐家、治国、平天下是达则兼善天下的过程。今天我们借"玉"作为一个载体，把大学之道在现实中呈现出来，这也是一个机缘的巧合。

上次对话，讲到了大学之道的三个纲领："大学之道，在明明德，在亲民，在止于至善。"

大学之道是孔门的儒家心法。我们对儒家的思想，特别是孔子的话，理解得连 30% 都不到。我们再说儒家思想是糟粕的时候，请注意，我们是否透彻地理解了儒家思想？孔子到底是怎么说的？真实意义是什么？

孔门的心法

子曰：参乎！吾道一以贯之。曾子曰：唯。子出，门人问曰：何谓也？曾子曰：夫子之道，忠恕而已矣！

——《论语·里仁》

子曰：赐也，汝以予为多学而识之者欤？对曰：然，非欤？曰：非也！予一以贯之。

——《论语·卫灵公》

《论语》里的一句话："子曰：参乎！吾道一以贯之。曾子曰：唯。子出，门人问曰：何谓也？曾子曰：夫子之道，忠恕而已矣！"

有一天，在教室里面，曾子走过来，孔子跟他说了一句话："吾道一以贯之。"没头没脑的一句话，但曾子听懂了，回答说："唯，懂了。"等一下，孔子离开了教室，同学们围过来问："刚才老师说什么了？"曾子说："只是忠恕而已。"曾子没有说实话，因为孔子跟他说"吾道一以贯之"，我的那个道是得到了"一"以后，贯通下来的。

再看《论语》里，孔子对子贡说的一段话。子贡叫端木赐。"子曰：赐也，汝以予为多学而识之者欤。"子贡啊，你以为我的学问成就，是东学一点西学一点，今天学一点明天学一点，积累拼凑起来的吗？

对曰："然，非欤？"子贡说：对呀，难道不是这样吗？您老人家教导我们要学而不厌，诲人不倦；您自己也是手不释卷，发愤忘食，不知老之将至。难道不是这样吗？

曰："非也！予一以贯之。"孔子说："不是这样的。"孔子把以前说的都否定了，"予一以贯之"，我是得到了一个叫"一"的东西，然后一通百通。孔子说自己的学问不是靠知识积累来的，这给我们一个启示。用老子的话说，就是："天得一以清，地得一以宁，神得一以灵，谷得一以盈，侯王得一而以为正。"得一万事毕。得到了"一"，就一切圆满。

《易经》里说"得一"，《尚书》里说"惟一"。中国的象形字，人得一为大。什么叫《大学》？大学是人得一之学。了一者为子，了字上面加个一，这样的人叫子。在古代，敢称子的没有几个人，得到"某子"这个称呼的都不简单，比如孔子、老子。就连叫儿子都不简单，得了孝道的才能叫儿子。没有孝道的人，只能叫儿郎。必须得一、了一，才能为子。止于一，才为至善。

底下一个止，上面一个一，念什么字？念"正"。诚意正心。所以一切都离不开这个一，刘丰老师有一个精彩的解读，叫作什么？N维宇宙空间（N趋于无穷大）。

刘丰：在三维空间里面，每个人都是独立的个体。三维的所有信息，是四维能量的投影，四维是五维的投影，五维是六维的投影，直至N维（N趋于无穷大）是一切的投影源。在投影源中，所有的一切全部合一。因此，只有到那个境界，才能称之为唯一。这就是最高的境界。在佛学智慧系统里，佛是无上正等正觉，只有N维（N趋于无穷大），才是无上的。道家讲无极，只有N维（N趋于无穷大）才是无极。基督教里，神是唯一的，因为只有N维（N趋于无穷大）才是唯一的，到N-1维就有无穷多个了。

我想再解释一下孔子说的"吾道一以贯之"。他说的"一"不是学来的，而是纵向提升悟来的。纵向提升维度，也叫纵向提升意识能量的自由度，这不能靠学，也是学不来的。因为学到的都是"投影"，执着于"投影"，反而会成为提升的障碍，实际上提升智慧是靠"悟"。智慧是高维的信息，真正达到最终的"一"的境界，是悟出来的，全是从高维直接"下载"的。

第一节　明德非德、至善不善、亲民亲己

刘宏毅：我们上次讲到了大学之道的三纲领："大学之道，在明明德，在亲民，在止于至善。"上次谈了，这三个"在"字很有讲究，不能去掉。第一个"在"提醒你，完成一定是在当下，所以儒家从来不讲过去，不讲未来。当下，成就在当下，堕落也在当下。这是"在"给我们的第一个提示。第二个含义，就是告诉我们这是三位一体的，不是先明明德完了再亲民，亲民完了

再止于至善。那这辈子明明德不了，那还没办法亲民、止于至善了呢？这是三位一体，一定是同时发生的。王阳明叫"知行合一"。

一、明德非德

刘宏毅：在此提出一个重要概念。三纲里面，"明明德"说的是自觉，"亲民"说的是觉他，"止于至善"说的是觉行圆满。"明明德"说的是自立，"亲民"说的是利他，"止于至善"就是实现天下大同。如果非要给它一个学位，按今天的学位来说："明明德"相当于学士学位，"亲民"相当于硕士学位，"止于至善"相当于博士学位。大概是这样一个分类。但是三位是一体的，不能截然分开。

这里有三点需要强调：第一，"明德非德"，明德不是德。说的是"明明德"吗，你怎么说"明德"不是德呢？明德说的是道，它没用德字，而是用了"明德"。大放光明之德，此德是道不是德。用刘丰老师的话说：明德是道，德是投影。

刘丰：对，明德是 N 维（N 趋于无穷大）的宇宙智慧。从 N–1 维到四维全是德，它只是一种境界的呈现。古人说"上德不德"，为什么上德不德呢？因为上德是道，这个时候已经不以德的形式呈现了，它包含所有的德。

二、至善不善

刘宏毅：第二，"至善不善"。真正的至善也不是善，因为它已经超越了三维空间对立的善恶概念，上升到非善非恶，但又包括了善恶的境界。"至善"和"明德"还好理解，比较纠结的大概是"亲民"。

三、亲民亲己

刘宏毅：我们为什么要亲民？小乘佛法的终极目标是自了，觉悟以后进入有余涅槃了，一入大定，八万大劫下去了，他不愿意出定。一出定，就得回小向大，就非要做亲民的功夫不可。那么，我们为什么要亲民？为什么要走大乘菩萨道？在这里是很重要的一条。

首先，要看"明德"是怎么得来的，是在静中得到的，还是在动中得到的，二者完全不一样，这也是阳明心学与程朱理学的分水岭。动中练出来的不动心，与静中观出来的不动心是两回事，一个偏于根本智，一个偏于分别智。好多人在静中练心，修的是静定，这样的人无法入世。进入红尘里滚一下，试试看，当你面对金钱、权力，面对酒色财气，很容易垮掉的。所以要在动中修不动心，要在"亲民"的过程当中去"明明德"。

其次是"无民可亲"，"亲民"实际上亲的是你自己。我们在亲民的过程中，发现了众生身上的烦恼，发现别人的不好，其实反映出来的是我们内心自己认知的毛病，是自己内在出了问题，是自己八识田里的种子显形而已。因此，借外相能够改变我们自己，这在《金刚经》里面叫灭度。

刘丰：这里我解释一下，因为低维空间的事物是高维的投影，我们现在看到的物质世界、三维的一切，是我们内在认知的投影。我们内在有什么认知，就会"投影"出什么样的世界。为什么在佛学里面讲"颠倒"？"颠倒"的意思就是说，把外在的事情当成一种实在的呈现。其实所有事情都是内在对外在的反映。因为什么呢？一维是二维的投影，二维是三维的投影，三维是四维的投影，到了四维的时候，全部进入意识里面了。所以，三维世界就是意识的投影。

亲民是觉察，觉察自己在现实中"投影"出了什么相，这些相反映的是自己的认知障碍，当看到那个认知障碍的时候，才能自觉，才能真正做到反求诸己，才能真正去颠覆那个有限认知。每一个认知实际上就是一个念的集成，一个念就相当于一个正弦能量波，只能用一个反正弦的能量波植进去把它颠覆，这就是所谓的"灭度"了。

刚刚刘宏毅老师讲的内容非常丰富。对刚才那个"在"字，我想在这儿做一个深刻一点的解释。为什么说"在"是当下？意义何在？为什么大家注重这个当下？因为，刚才、一会儿、过去、未来全是三维认知。我们在这种三维认知系统里面，连三维都出不去，更不可能进入更高的维度了。而与高维连接，只有当下。这三个"在"表现得非常贴切，而且非常的妙，这个时候用到"在"，也就是真正关注当下的时候，才能跟内在的高维智慧连接。很多人说，东方智慧对不同的智慧系统有不同的描述，比如说佛学说是修来世、修福报等等。其实，它指的就是要修当下，讲的是即心即佛。因为只有当下可以通达 N 维（N 趋于无穷大），才能真正即心成就。

亲民也是指的当下。刚刚刘老师说到的动中禅的概念，其实就是因为在现实世界的一切呈现所见，都是内在认知投影出来的像。在现实的人生经历之中随时觉察，随时挑战，这就是动中禅。动中可以离相，在现实中你当下离相，禅就是离一切相。不同的传统智慧都在向我们不断地呈现一件事情，那就是，只有在当下才能跟内在智慧连接。还有一个词叫"临在"，也是这个意思。

第二节 透过"知止"看定、静、安、虑、得

刘宏毅：我们接下来讲《大学》的功夫。《大学》的功夫里面分了几步。一个是"止"，"知止而后有定，定而后能静，静而后能安，安而后能虑，虑而后能得"。所以，"知止"是《大学》的第一步功夫。如果没有止的功夫，后面的一切都没有，定、静、安、虑、得都得不到。

什么叫作"止"呢？"止"在佛家相当于"戒"的概念：因戒生定，因定生慧。"知止而后有定"，这个止是共法，无论儒释道医武，大家都要修止，不修止得不到定。但是，"止"是一个被动的"了"，按刘老师的说法，它只能止跌，不能提升。

刘丰：有一句话叫"起心动念，无不是业"。在现实中，最容易被左右的是自己的情绪。我自己的亲身体会就是，当我被自己的情绪左右，用情绪做任何一件事情，我都不得不为它买单。在现实中，我们的认知有一个惯性，每一个当下，我们的认知跟下一个发展是紧密连接的。比如说现在，此时此刻的下一秒，有无穷多的选择，选择取决于当下能量的方向。如果此时此刻能量是向上的，那我下一刻就是往上走；此时此刻能量是往下的，那下一刻一定是往下走。在现实之中，如果一个人没有觉悟，没有觉察到他的生命方向的时候，大部分人经常处于一个往下的状态，这个往下一定要止住。当他止住这种状态时，才有可能从他那个表象的觉知态、感知态里面走出来，解脱出来。因为我们的眼耳鼻舌身对周围的感知，天天被这能量影响，因此只有当能够知止，不被表层能量牵动的时候，他才能走出来。

刘宏毅：一个人如果被自己的认知障碍所困，他的能量状态是不断往下降的吧？为了防止继续跌下去，就要有戒有止，就要以戒为师。

刘丰：是的。人类发展的过程就有两个方向：一个是在不断地觉悟能量体系，还有一个是能量的自由度持续往下掉，这种往下牵动的能量是欲望。欲就是一个山谷的谷和一个欠组成的，它是永远亏欠的山谷。但是我们现在看物质世界，不断地调动人的欲望，这种调动的方式，实际会使人的能量有往下的趋势。当然在这个过程当中，有一些人会猛醒，会觉悟，他开始知道，不能往下走，他要往上走，从自己这儿先止跌。有一个朋友，他给人看病。我说，你治病是为什么？他说，是为了帮助别人。实际上我认为，一个人出生以后，如果他不修炼、不提升的话，他从出生开始受到这个世界影响，他生命内在的能量会一直往下掉。佛家有一句话叫"起心动念，无不是业"，就是只要起心动念，他就会产生纠结。而这种纠结会形成一种恶性循环，他的心态会越来越糟，他就会用一些物质世界的手段和方法来解决，但是很多方法是饮鸩止渴。当他跌到一定程度以后，因每个人的内在是本自具足的，内在的东西觉察出来，让他赶紧离开，别再继续往下掉了，这个人就生病了。这个时候，你作为医生把他给拉回来，却又不告诉他该去哪儿，他回来继续跌，等到真正离世的时候，这一块谁负责？那肯定是得有人负责的！这就是指的生命的状态。所以，当救人的时候，救人生命的同时，还要救人的慧命呀！要告诉他生命的意义是什么，要让他走向生命成长的这条路，因为生命的成长跟健康不完全是一回事。当然了，一个不断成长的生命，它的健康状态会比身体状态要好。比如说，同样的身体状态，一个内在状态好的人，他感受到的痛苦要少得多。

刘宏毅：这就是所谓的"止"。在《大学》里面说的"知止"有两个概念：

第一，"知"止了，主谓结构，那个"知"即有限的低维的认知障碍，它止了，就是把它颠覆了，于是后面定、静、安、虑、得新的状态就出现了。

第二，"知"是动词，"知止"，知道在哪里应该止，即《周易》里说的"时止则止，时行则行"，到了该止的时候就要止。还要止其所、止其位，也叫作止。

刘丰：刘宏毅老师上次说过，古代的"止"是指方向，那个止就是脚趾的趾，它主要是指示一个方向。我还理解，其实这里面还有一个潜在的意思：就是当他知道生命方向和目标的时候，他也知道"止"到哪个境界。我们说最大的方向是什么？还是N维宇宙空间（N趋于无穷大），要向"止于至善"那个方向。

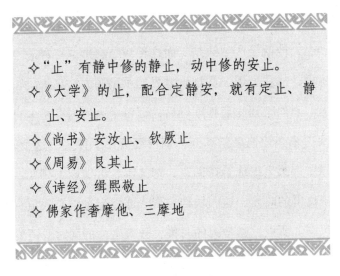

◇"止"有静中修的静止，动中修的安止。

◇《大学》的止，配合定静安，就有定止、静止、安止。

◇《尚书》安汝止、钦厥止

◇《周易》艮其止

◇《诗经》缉熙敬止

◇佛家作奢摩他、三摩地

刘宏毅："止"有两种修法：一种是静中修，一种是动中修，简称为静止与动止。你看，"知止而后有定，定而后能静，静而后能安"。止和定、静、安配合起来就有定止、静止、安止，三种古代修止的方法就出来了。

《尚书》里说"安汝止、钦厥止"。这是大禹修止的方法，他修的是安止，相当于后世的动中禅，是从动态里修出来的。身虽是动的，但是心如止水，这叫作安汝止。钦厥止，在《周易》里叫"艮其止"。艮止是定止，像山一样的定，是静态的。《诗经》里面说"缉熙敬止"，这个止就不同了，是由恭敬心修出来的，佛家就叫作"奢摩他、三摩地"，即止和定的意思。

"知止而后有定。"止的方法，应该是在禹以前就传下来了。中国文化是从伏羲画卦开始，伏羲、神农、黄帝，然后尧、舜、禹、汤、文、武、周公、孔、孟，这样一路下来。中国文化是有传承的，不是自己睡不着觉，编了一个什么功，不是那么回事。它一定得有一个传承，没有传承是不行的。这是修止的方法，希望大家能够注意它。

在《大学》里面，孔子谈"知止"是从《诗经·小雅·缉蛮》展开的。《诗》云："缉蛮黄鸟，止于丘隅。"子曰："于止知其所止，可以人而不如鸟乎？"到止的时候就应该止了，鸟都知道这个道理，怎么人还不如鸟呢？这是孔子发出的感叹。

刘丰：另外，在入世的时候，要用的"止"有一个很重要的字叫"忍"。因为在现实生活中，很多事情是因为我们忍不住就爆发了。当我们情绪来的时候，在那一个当下，如果能忍那一下的话，就给了我们一个回旋的空间。这个回旋空间能让我们回照，能让我们跳出这个角色去看事情。但是如果忍不住，情绪一爆发，这个时候情绪马上就进入下一个循环了。但是，我们如果一味地忍，也不行。一直忍的话，最后的结果就是忍无可忍。当下忍完以后，你要转化、要觉察，觉察到内在的能量关系之后，把它转化。

"止"在现实中的应用，就是随时要用的"忍"。"忍"其实蛮重要的。

刘宏毅：现在有一句话，叫作"与其我抑郁，不如你抑郁"。

"忍"的意思，不是让人持续的抑郁，"忍"是一种"止"的功夫，是止住自己的情绪。我们经常是指望别人改变，对方其实只是一个相。不知道大家有没有设想过这样一个情景，我经常做这样的实验：当两个人的关系很僵的时候，如果你自己的念一转，你会发现对方几乎在跟你同步转。但是一个人很难去转另一个人的念，你自己的角色只要一转，对方就像镜子里的投影一样，马上就转了。转的功夫，一定是在能够止住那个情绪的状态，止住一种对抗状态的时候，你才有可能转，就是在"定"的状态之中才能去转。

刘宏毅：《大学》里接着说："为人君止于仁，为人臣止于敬，为人子止于孝，为人父止于慈，与国人交止于信。"这是空间位置上的止，就是你要止在哪一个位置上，每个人都有自己的岗位。

刘丰：我理解为我们在每一个空间里面扮演的角色，都有这个角色的规则。曾经有一个老师跟我说过一句话："刘丰你这辈子遇到的事情，都是为你设计的，在每个问题面前你要问你自己一个问题。这件事能告诉你什么？不是用世俗的逻辑问，而是从你自己内在成长的角度去问。"我们当下扮演的每个角色，都要去了解这个题目，这个题目也叫应用题。首先要知道，这个应用题的边界是什么？比如，为人君的时候，这道题是在做什么？这道应用题说把当皇帝这件事做好，但是这道题的目的不在于自己获得统治权，而最终在于那个人他自己内在的成长，在这个功课上的提升。又比如为人父母，也都是在向我们呈现不同的人生应用题。

刘宏毅：可是，我们往往去解决问题，忘记了自己是需要提升的。

刘丰：我们往往停留在事情上，要把这件事做成，没有想到这件事背后的意义。事的成败都在帮助我们提升，事成了，证明我们的自由度已经达到了成的境界了；事没成，也帮助我们去觉察自己有什么障碍才导致了不成。障碍不是来自外面的，而是来自我们内在，当把内在障碍一转后，这外面的事情就有可能成了。失败是成功之母。在现实中，人们比较在乎和期待这一件事的直接结果。当在乎直接结果的时候，就没有把这道应用题读明白，只读懂了它表面的一层，没读到深层，也就是没有把这件事跟生命意义的提升建立起关联。做事有几个层次，一个叫功成身匮，把事做成了，人完蛋了；第二个叫功成身退，这事做成了，自己隐退，这还算不错；最好的叫功成身贵，就是事也做完了，境界也提升了，这是一个人生的大方向。

刘宏毅：在《论语》里面，子路问孔子，怎样能做一个君子。孔子回答"修己以敬"，用敬这个字来修养充实你自己。子路很不明白，于是就问："如斯而已乎？"这样就行了，如此而已吗？孔子又进一步说"修己以安人"。"如斯而已乎？"子路还是不相信，这也太简单了吧？孔子再进一步说："修己以安百姓，尧舜其犹病诸？"修己以安百姓，尧舜在这一点上都觉得自己没做到，没做好，何况我们这些凡人呢？以前读《论语》的时候，对"修己以安百姓"这句话的理解，只是把自己调整好，等于树立一个样板，然后将其推行开，就能齐家、治国、平天下了。在做完上一次对话后再看这句话，我突然有了一个新的理解，孔子说的"修己"的深层意思相当于《零极限》里面介绍的"夏威夷疗法"。它是通过修正自己，然后转变外面的相，不是修己以后去改变别人、统治别人，没有这个意思。

刘丰：就是回归"投影源"。如果我们在"投影源"里转的话，外相就会变。《零极限》这本书里面讲了夏威夷疗法的故事，就是一个医生在精神病医院里面待了三年，他不见病人只看病历。他看到每一个病历后就对自己的内在做清理，用四句话做清理："对不起，请原谅，谢谢你，我爱你。"他不是对病历去说，是跟自己内在的具足圆满的神性说。

"对不起"，因为我的有限认知阻碍了我跟你的连接，让我投影出这样的相。"请原谅"，我臣服于你内在的能量对我的这种加持、引领。"谢谢你"，你无时无刻不在眷顾着我。"我爱你"，我要跟你融为一体。他在不断地调整自己的认知，把这个认知给化掉。当这个认知化掉以后，三年之后精神病医院的病人全部康复了。夏威夷疗法里面有一句非常经典的话叫"对自己面对的一切承担百分之百的责任"。意思是：一个人面对的所有一切，其实都是自己内在的投影，修己就是对自己的内在进行清理，让自己的内在越来越纯净，看到的世界也就越来越纯净。

刘宏毅：子路没听懂，所以反复问：就这样？太简单了吧？这句话是有很深的哲理在的。人人读《论语》，几个人读懂了？类似的问题太多了。

知止以后，下面就有定，有静，有安。定是对人的自性来讲的，静是对人的意来讲的，安对人的心和身来讲的。实际上，如果说"知、止"是颠覆我们固有的认知结构，那么"定、静、安"就是要建立一个与高维连接的条件。

刘丰：是，实验条件。在三维空间里面，所有实验需要实验条件。如果不具备实验条件的话，即便做这个实验，实验结果也出不来，高维空间的实验也需要实验条件的。定、静是真正在"投影源"里面工作的实验条件。"定"就相当于聚焦和专注，实际目的是让我们能够使自己被三维外向牵动的意识沉静下来。也就是说，二维的挡在眼前，我看不到三维，那我拿掉无穷多个二维以后能看到三维；我们三维的空间太复杂了，跟着三维的像走的话，就看不到四维，最后把无穷多的三维的像拿掉，得到四维智慧。真正地让自己的心沉静下来，"定"如果说是专注聚焦，那"静"就是清场，屏蔽掉杂波。"静"还有一个比喻，一池湖水，如果它很平静的话，我可以穿透湖面看到水底，同时也可以看到水面反射的日月星辰，阴阳两界在静的时候，都能看到。但是，若不断地搅动湖水的话，那两面的东西都看不到了。

刘宏毅：安是一种放松状态，在《大学》里用了一个词来形容，"心宽体胖"。真正放松了，心胸放开了，他的形体会很舒适、很安然。

刘丰：在实施催眠技术时，首先要全身放松，让你觉得像一摊泥一样摊在床上，或者是摊在椅子上，让你处在彻底放松的状态。"安"的感受，是放松的状态，就是保持和高维的连接，起码是创造一个跟高维连接的条件。不放松、任何一块肌肉绷紧的时候，实际那个地方是牵动意识的。

刘宏毅：下面是"虑"，"定静安虑得"的那个虑。"虑"不是思虑，不是考虑，更不是焦虑。这个"虑"可以理解为觉察，但这个觉察不是经过思虑产生的，而是一个人真正身心轻安以后，他的心灵会变成一面纯粹的镜子，世界在它面前如实映现而不变形，所以，此"虑"为"不虑"，即不通过思维的当下直觉。任何认知都是污染源，无论你的认知结构建得多高。当下产生一个直觉就叫虑，用科学语境来描述，应该叫作高维信息的呈现，是吧？

刘丰：我把"虑"理解为一种选择。因为在高维实验条件建构以后，才有可能去选择或者是下载高维信息。这个时候的"虑"，不仅仅是以低层次的能量关系去"虑"，不是以知识去考虑了，而是开始跟直觉连接，开始跟灵感连接。我曾经问过很多成功人士，"你人生最重要的那几步成功决策的依据是什么"，我得到的回答出奇的一致，都是"直觉"。人类的所有科学发明来自于灵感，是直觉到灵感的过程。很多人以为它是思虑，是考虑。其实，按照思虑和考虑的方式，用知识归纳、演绎，无法有真正的创造力。但是在归纳、演绎的过程中，他不断专注，废寝忘食，围绕一个问题，实际上他真正获得灵感、直觉的时候，跟他考虑的那个内容没有特别本质的关系，这些信息有时候反而会成为障碍。如果想在知识里面得到一个新的灵感，那是不可能的。有的人知识不多，但是他可以得到很好的灵感。所以，我觉得"虑"是一种方法，是获得高维智慧的一种方法。

刘宏毅：如果说"知、止"是颠覆认知，"定、静、安"是满足实验条件，那么"虑"就是与高维连接，是高维智慧的呈现。

刘丰：还可以把"虑"解读成一种高维能量设计。很多朋友应该看过《秘密》。写这本书的人在研究世界上的一些大成就者，试图揭示他们掌握了一种什么样的共同秘密，在不同领域获得这么大的成就。后来他们发现这些人有一个共同点，他们能内在造像。他们可以将未来要达到的那件事情，清晰地在内在呈现出来，然后让这件事情在现实中发生。这种虑，与靠知识产生的虑是不一样的，它能够清晰地呈现，实际上，基督教、巴哈伊教的祷告程序就是按照这个程序做的。它要让哪个事情呈现，就去观想哪件事情的呈现。西方著名的《秘密》中描述的就是这些。这种虑和思虑就不一样了，它用知识建构的东西不一样，它完全是图像型的，直接建构一个图像，这个图像最后就能在现实呈现。这就是投影原理，一个完成的能量设计，把它投影到现实之中来。真正成功的人士、大成就者都是这么干成的，不是靠知识堆砌的，这个虑的境界就不一样。

刘宏毅："定静安虑得"，"得"就是得到明德，明德就是高维智慧的下载源。

刘丰：刚才我说的，西方人用吸引力法则的时候，是从下往上用，是在物质世界呈现的结果。但实际东方智慧它是从上往下用，它看到的是这一件事情，只是在验证本自具足。把这个东西变成内在意识提升的一个验证，它不是注重在得到的结果上，这种验证比得到的结果还要重要得多。但是物质世界的人往往希望用这个方法得到现实的结果，就把这件事用偏了。其实，所有的结果都是你提升自己的一个副产品。如果你能持续提升，最后根本不需要在现实世界里创造太多太多的丰富繁荣的物质来证明这件事。你有一次经历，甚至借用别人的经历，别人的创造都变成了自己的一次领悟、自己的一次提升，不需要事事都自己去验证。仅仅自己验证，这一辈子能验证的事太少了。因为所有人都是自己投影的像，所有人的创造其实都跟你有关联，所有人的创造都会给你这种启发，最终让你感受到两个非常重要的概念：

第一，我们自己本自具足，所以不自卑，会非常自信；

第二，众生本自具足，所以不自负，尊重所有众生的平等。

这个时候，看到所有众生的相，所有众生的提升实际是因为自己的提升投影出了周围世界的提升。

刘宏毅：说"知足之足，常足矣"，就是知道自己本自具足。

刘丰：这是一个特别核心的内容，就是相信本自具足。

刘宏毅："知止而后有定"，说的是心性的修行。船总在动，要用锚来止；猴子总跳个不停，要把它拴在桩子上来止。修止就是修定，这是共法。再一个，定性里面初步的功夫有两个：一个是看住自己的脾气，不要乱发脾气；第二是看住自己的习气，不要随着习气的惯性走。性子一动，情绪一来，要立刻觉察，立刻对治。

刘丰：在现实中很多人问：在现实人生里面，怎么把讲的道理落实到当下？其实最简单的、最容易去启动的就是改脾气，去毛病。因为我们的脾气和毛病是最强悍的认知，它在我们的现实当中，非常容易在不同的层次上呈现，但也是最难的挑战。所以改脾气、去毛病本身就是一个很重要的法门。

刘宏毅：我们现在随顺习气，随顺得太厉害了。经常看到很多大老板、企业家，他们从微笑到发火的中间没有过程，好像川剧变脸一样瞬间发生，真的不容易。但是道家有一个法子，就是通过吐气、深呼气，放松你的任脉，阴火随着任脉下去了，脾气就没有了。大家可以试一试，这叫知止而后定。程子专门有一本书叫《定性书》，谈的就是如何定性。

"知止而后有定，定而后能静。"静是平衡，人在睡眠中平均每15分钟就要动一次。静一定是身心达到了一个平衡，这个平衡被打破了就叫作动，因此静是储能的。小孩子在睡眠中会一抽一抽的，这是在长个子，骨骼在往上拔。庄稼在夜里静的时候嘎嘎地拔节，它会长。静态是一种生长，动态是一种消耗。

"安"是身体上的轻安。"动"是消耗，"静"是储能。例如静坐，有人认为静坐能够治病，实际上坐只是一个姿势，关键是前面的"静"字。只要还给身体一个安静的状态、清净的状态，身体的自律系统会自我修复、自我调整。至于是躺着、坐着还是站着，是静坐、静卧还是静立，都没有关系，关键是达到一个静，定静安虑。

实际上，"禅"这个字，玄奘法师最早就把它翻译成"净虑"，就是清净的没有污染的意识状态，即心如止水，也就是六祖大师解释的"外离相为禅，心不乱为定"。

孔子用四个字描述了这种状态，叫作"毋意、毋必、毋固、毋我"。"意"是主观、臆断；"必"是偏见、较劲，一定要怎么样，这不是偏见嘛；"固"是固执、死板；"我"是以自我为中心。不要太主观、太偏见、太固执、太自我。这几个都是有限认知，是困住你的认知障碍。如果将一切的主观、偏见、固执、自我都抛开了，人的感官就能像镜子一样，不打折扣地反映外界信息，据此才能得到一个如实的判断，也就是刚才您讲的直觉。

说到直觉，您在做重大决策的时候，好像是扔钢镚儿，是吧？（笑）

刘丰：当我们要做一个决定的时候，先有一个"念"起来，这个"念"起的时候，也就是说这个能量波一出去，与此波同频的波会第一时间反射回来，反射回来的波，跟认识是关联的，往往我们的直觉是非常重要的。很多人问："我在现实中按照直觉做事，到底合用不合用？"

其实，按直觉做事是我们应该培养起来的一种本能。因为只有直觉才能真实反映自己当下的内在能量状态和外部能量之间的关联，不以知识在中间作为任何的障碍判断因素。这就给我们一个觉察的机会，也就是给我们成长的机会。如果说我一天遇到十件事，这十件事我全是靠知识解决的，那跟我的内在成长往往没关联。就好像我每遇到一道题就问老师一下，那这几道题跟我的进步就没什么关联。

但是在现实之中，一个人没有方向的时候，直觉就全是横向的，我们还是需要纵向的，对纵向的提升的方向确认后，每一个直觉都是帮你往上走的，这是第一。比如我自己，有时候我确实很忙，我还要做决定，来不及抓第一感觉，因为第一感觉一下就跑了。每当这个时候我就会用一个方法，就是掷一个硬币，这个方法是最科学的。为什么最科学？我来解释一下。

在现实中，做任何的决定都只有两种可能，做或者不做。但是，影响做决策的因素有无穷多，因此考虑一天，考虑一个星期，考虑一个月，甚至考虑一年，你最后那一刻做的决定跟你第一时间掷一个硬币做的决定概率一模一样，50% 比 50%。我们知道，在现实中，最大的精力能量消耗在纠结、在取舍，我们在纠结和取舍的时候，消耗了大量的能量和时间，如果我在第一时间决定了，就按决定的做，毫不犹豫地去做。

从我们内在成长的概念来说，决定选择做和决定选择不做，都是一道好题，这道好题的最终结果都是帮我提升。但因我们太注重结果了，想用各种方式来证明哪个是对的，哪个是错的。这样就消耗大量的能量，消耗大量的时间。很多人说自己修炼没时间，实际上是因为他把时间全花在这种思虑上了。

> ## 得，明德（般若、大智慧）
>
> ◇ "虑而后能得"，得个什么？明明德，般若智慧。此为大学之道、大学之德。本是人人都有的本能，但我们把它颠倒了，污染了，所以要明明德。
> ◇ 恢复很容易，道理一讲就明白了，明德就明了，但与外界一接触又污染了，所以要"时时勤拂拭，莫使惹尘埃"。要做保任的功夫，要在事上去练习。
> ◇ 明德的本体是心性，要做心性功夫，要时时看管好这颗心。
> ◇ 甲骨文的德字 十字路口一只好奇的大眼睛

刘宏毅："时间去哪了？"这是"定静安虑得"，最后得到"明德"。在古汉语中，"德"与"得"通假互用。甲骨文里的"德"字，是十字路口，加上一个大眼睛，它在寻找，它在判断。如果像您说的扔一个钢镚儿能决策，那就不需要再观望了，所以真正的"得"是一个选择。

刘丰：对，还是要觉察自己内在的声音，当内在的声音呈现了，实际是觉察认知在哪儿，知道这个认知在哪儿了以后，如果事情做成了，证明境界已经到这儿了，是一个印证；如果没做成，也可以帮助自己觉察，这个认知有没有问题。因为所有的认知其实都是问题，所有的认知都是障碍，当你觉察它的时候，一颠覆，它就是你成长的阶梯了。

刘宏毅：星云大师讲过一个故事。他在南京栖霞寺当沙弥的时候，当时是十四五岁，要受戒。戒堂门口有一个把门师，要问一句话，答对了才让进去。问他的话是："谁让你来的？"他说："师父让我来的。"看门师当头就给他几板子，说："师父让来的？你自己不发心，不合格，不准进！"把他打跑了。下一次再受戒的时候，他又来了，还是问这句话，"谁让你来的？"他说：

"我自己发心要来的！""你自己要来的？你是谁呀？"噼里啪啦又被打了一顿，又给打出去了。他百思不得其解，这是怎么回事呢？第三次受戒的时候，还是问这句话："谁让你来的？"他长记性了，于是说："师父让我来的，我自己也发心要来。"他以为这次答全面了，谁知道又挨了一顿板子："你这个滑头，两边话都让你说了！"还是不让进戒堂。等到第四次再来的时候，还是问这句老话："谁让你来的？"这一回，他一句话都不说了，你打吧，反正我怎么说都不对。没想到合格了："你进去吧。"这就是禅宗的教育风格，有知见就不对，就该打，直到把你所有的知见统统打掉，出来的大概就是明德，就是般若，就是大智慧。（掌声）

"大学之道，在明明德，在亲民，在止于至善。""知止而后有定，定而后能静，静而后能安，安而后能虑，虑而后能得。物有本末，事有终始，知所先后，则近道矣。"我们再理解《大学》这段话的时候，可能就有一个完整的形象了。

这里说"物有本末，事有终始"，任何事都有根本，有枝末，有开始，有结束。在这里，什么是本？明明德是本；什么是末？其他的都是末；什么是始？明明德是开始；什么是终？剩下的都是终。什么是先，什么是后，我们也就清楚了。

"知止"一定是先，一定是始。那么，"定静安虑得"都做到以后，是不是就成功了呢？非也。曾子在此处说"则近道矣"。只是离道近一点，还不是道本身。我记得在解析几何里学过，如果有一条近似线趋近于 Y 轴，尽管它无限趋近，但永远不能与 Y 轴相交。近似不是道，你可以离道很近很近，但它不是道。

在海外的时候，有一个同学问我：刘老师，最近我退步了，怎么办啊？

我说，没发现你退步啊。她说，怎么会呢？我说，如果我讲真话，你不会不高兴吧？她说，不会。我说，你根本就没有入道，哪里有什么退步呀！根本就不存在这个问题，你还在楼外面转悠，根本没进来呢，别的都不用谈了！有的人修行很精进，但修的只是世间的福报而已，这与道是两码事。你看，知止而后有定、静、安、虑，转了一大圈只是近道而已，可见福德和功德，完全不一样。

刘丰：用科学逻辑来描述，"功德"指的就是从四维到到 N−1 维，这是功德，自古以来有"德高望重"、"厚德载物"这些成语来描述功德的层次。"福德"指的是三维空间的自由度，即在三维空间能够驾驭多大的范围。有多大的福德，就会给人带来多大的福报。"福报"是在三维空间得到的回报，但是有再多三维的福德或者是福报，都不如提升一维功德，到了第四维就能拥有无穷多的三维的这种福报。

在一维空间里面，从正无穷到负无穷，用一生都不可能把一维空间所有的信息拿到，二维如是，三维亦如是。但是提升一维，智慧扩大了无穷多倍。

只有纵向提升自己，对生命才是有意义的。关键是纵向提升带来的意义是什么呢？它不是一个跟现实无关的意义，一个人一旦纵向提升之后，在现实中呈现的状态是自在，因为这等于是从上往下看世界，落地的所有地方都非常自在，知道自己所处的任何一个游戏规则，都会很好地遵守。有人说，自由度大的人，是不是不守规矩呀？其实是"从心所欲，不逾矩"。想进入一个游戏中时就进入，而且玩得游刃有余；当他出来后，原来游戏的规矩跟他立刻就没有任何关系了。但是如果自由度不够的时候，一旦进了这个规矩，可能到哪都拿着这个规矩套。但是自由度大的人，他就知道他的任何一个生命角色，比如说在公司里面当老板，在家里面做家长，境的迁移很容易，马上就会切换他的角色。可是，如果在公司里面像家长，在家里面像老板，那一定出乱子，一定出问题，这就是自由度。

这就像我们在篮球场上，你是一个篮球运动员，篮球规则就是你的原则。可是你到排球场上，如果你还忘不了篮球规则的话，那你就没法打排球。

第三节 《大学》八目（上）——
格物、致知、诚意、正心

刘宏毅：接下来就涉及八纲目即八条修证的功夫了。八个条目就是内圣四目、外王四目。内圣四目就是"格物、致知、诚意、正心"，外王四目就是"修身、齐家、治国、平天下"。在此处，如果把"格物、致知、诚意、正心"的内圣四目叫作自我成长、自我修炼，或者叫作改变投影源的话，"修身、齐家、治国、平天下"就是与现实连接的投影了。

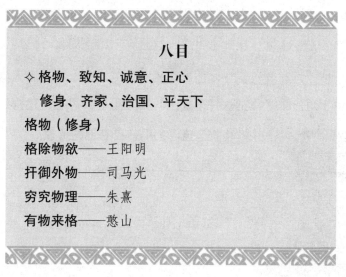

八目

◇ 格物、致知、诚意、正心
修身、齐家、治国、平天下

格物（修身）

格除物欲——王阳明

扞御外物——司马光

穷究物理——朱熹

有物来格——憨山

我们今天的重点是"格物、致知、诚意、正心"。关于投影源里面的修

证，你里面有什么，外面就会投射出来什么。

一、格物

刘宏毅："格物"这个问题比较大，历史上争议最多的，就是在格物这个概念上。朱熹谈过他格物的概念，叫作"即物穷理"：碰到每一件事，都要把它琢磨明白，为什么是这样？人为什么是人？植物为什么是植物？它里面的理如何？他要"穷究物理"。清朝末年，科学开始传到中国，当时的翻译叫"格致之学"。鲁迅在《呐喊》自序里说，"我到了新学堂里面才发现，原来在学问里边还有物理、化学这样的格致之学，还有算法、地理、自然等等"。所以"即物穷理"相当于对事物进行研究和探索的一种科学精神。这是朱熹的一个看法。

刘丰：从另一个角度去理解朱熹的看法，应该找到他的话的内在意义是什么。如果他只是在物质世界里面去找究竟的话，确实没有意义，那是在三维有限空间里面找关联。但是如果从更高的维度寻找究竟的话，他的方向应该是有他的道理的。"格物"这个物是怎么来的？如果从横向去找，就是从历史中追求它的来龙去脉，比如考古等，这是在三维空间找。但是如果从纵向去找，就是从"投影源"去找它的能量关系，最后会发现，原来最终的"投影源"都源于道。朱熹能把这件事连上，我觉得他的思想是建构在这么一个"格物"概念上的，自有他的道理。

王阳明

刘宏毅：不过从历史资料上来看，他是从横向找的。（笑）

刘丰：如果朱熹一直在横向找，那么就跟现代的科学思路逻辑是一样的。

刘宏毅：王阳明受朱熹的启发，去"格竹子"，对着竹林思索"竹子为什么是竹子，竹子后面的理在哪儿"。他很刻苦，还有一个钱姓朋友跟他一块儿。那个人三天三夜就不行了，累趴下了。王阳明坚持了七天七夜，最后差点儿没吐血，也没格出来竹子为什么是竹子。因为他把自己的生命能量往外发散，全部发散到竹子里面去了，这肯定不行。它不是反思法，不是像您说的纵向提升自己的能量。

刘丰：如果他是因竹子的相，而找内在答案的话，也许他找到那个答案了，但说不出来。很多人在修炼过程中，对一些事情能找到答案，但是说不出来。因为没有一个现实的能让人家听得懂的逻辑，能够证明他找到什么了。这就是一个内修的情况，现实中有很多修炼的人，在修炼的时候，有一个内在的实证。比如说，他能跟树木、动物对话，当然一般人听不懂这个概念，而我相信他有这种能量波的交流。但是在一般情况下，他是说不出来的，这种情况是存在的。

刘宏毅：王阳明差点儿没吐了血。后来王阳明就改了一个方法，这条路走不通，他就放下了。晚年他受到排挤，被发配到贵州去，在龙场。他在一个石头棺材里面闭关打坐，最后开悟了。开悟了以后才知道，原来格物是"格除物欲"，是格除掉外面的物欲对你的干扰，还给自己一个清静心。"格除物欲"是他的第一个概念。

司马光提出来"扞御外物"，就是扞格外物，我现在没有办法，因为外面的物对我干扰太大了，外面充斥着酒色财气，我的心一接触就被带跑了。那怎么办？那我只能心如墙壁，在这儿打个隔板，不让外面的物来干扰我，这是暂时的阶段。

朱熹说"即物穷理"，研究事物的理；憨山大师说"有物来格"，这个格有

司马光

朱熹

"感格"、感召的意思,"有物来格"就是心能转物,也就是"吸引力法则"。

看历史上提出的三种"格物",一个是"格除物欲",一个是"即物穷理",还有一个是"有物来格"。后世有个王善人讲道,他讲"性心身三界",是对应着佛家讲的欲界、色界、无色界这三大界来讲的,我们刚好把它对应一下。"格除物欲"相当于身界的格物,"即物穷理"说的是心界的格物,"有物来格"说的是性界的格物。不同境界的"格物",其含义完全不同。

初级阶段的格物,因为我们这个身体是物,外面的世界也是物,物物最容易相感召,所以这个肉身最容易受到物欲的诱惑。由此,首先要在外物与自身之间打个隔板,将外物与身心隔离开来,以免心随物转。然后在身与心之间、心与性之间,即前五识和第六识之间、第六识与第七识之间、第七识与第八识之间分别打个隔断,将心、意、识分成几个单独的层次,一层一层地清理。可以说,"格物"是最彻底的修心法门。"格除物欲"则是初级阶段的修行功夫,属于低维能量的清理阶段。

但是,如何利用外物而又不被外物所迷、所转呢?这就要达到"即物穷理"的境界才有可能实现;到达"自性"的境界以后,所有的隔板统统要拆除。拆完以后,人和物的界限没有了,人我一体了,这个时候就能"转物"了。

我看美国人的《吸引力法则》这本书,有一个疑问。在使用吸引力法则的时候,它有时候灵,有时候不灵;有的事灵,有的事不灵;有的人用着灵,有的人用着不灵。原因何在呢?例如,古代道家有点金术,一个铁锅,吕洞宾用手指一点,它就变成金锅了。我们认为是神话,实际上这是可以做到的。

Fe 铁元素原子核外面是 26 个电子，Au 金元素原子核外面是 79 个电子。如果在三维空间里，你有力量把 26 个电子变成 79 个，这个铁不就变成金了吗？但是，你得用多大的能量才能打破原子核之间的弱力、强力，然后改变电子数啊？而且如何保证它的状态，保证金不再变回铁，这在三维空间里是很难的一件事。

刘丰：对的，"转物"要在"投影源"里边转。但是进入高维以后，在"投影源"里边，人凭的是一个念力，现在科学也越来越证明念力的重要性。一个 50 瓦的灯泡它只能照明，可是如果能把 50 瓦的灯光变成激光的话，它对于物质世界的作用，那是大家都能理解的。激光能切割、可打孔、可焊接。关键就是大部分人没办法去调制意识能量波，不能将其调制成单一波长、单一指向，或者调制到足够纯，那它跟物质世界的作用就很难发生，或者是很微弱。当一个人能修炼到那个境界的时候，就可以做到这一点。

刘宏毅：这就是"格物"。从宋朝以后，到底什么是"格物"让中国的读书人吵了一千多年呢？

刘丰：我觉得，对于一个词的解读，有很多层次，您刚刚确实已经把这个层次给剖析出来了。我看到的是全息，从每一个词，都可以找到它直接通达最高境界的解释，但是每一层解释有每一层解释的意义。您刚才讲到了三位一体的概念，就是在不同层次上，它的本质最终是一体的，最终当它们一体的时候，"投影源"里一转，"投影"就变了。关键是能不能进到"投影源"的境界里面去。

刘宏毅：我们返回来，再看孔子在《论语》里讲的话。孔子说："非礼勿视，非礼勿听，非礼勿言，非礼勿动。"实际上，这是身界的格物——格除物欲，不要让身心受到"非礼"的干扰，因为此时自己的心还不定；然后再进一个层次到达"即物穷理",也就是新的境界了。孔子说"毋意、毋必、毋固、毋我",不要太执着、太偏见、太主观、太自我。最后到达最高境界——"修己以安天下",即心能转物的境界,这是格物。

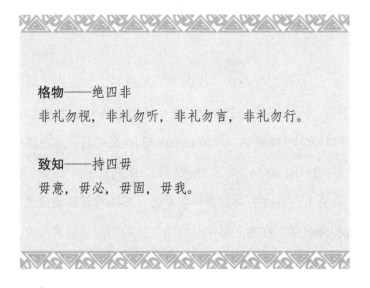

格物——绝四非
非礼勿视,非礼勿听,非礼勿言,非礼勿行。

致知——持四毋
毋意,毋必,毋固,毋我。

二、致知

刘宏毅:我们再看第二个,"致知"。致,有到达、获得、得到的意思。"致知"既颠覆了原有的低维度认知,又建立了一个新的高维认知。这个"致知"就不是外向的对知识的追求。坊间的《大学》白话解释,都把"致知"解释为"获得新的知识",这就大错了。"知"是"知见",即你对事物的看法,你自己的价值观、人生观,还有世界观。佛家看一个人修行有没有成就,能不能成才,关键看你知见如何,不是看你用功是否刻苦。如果知见错了,南辕北辙,用功越刻苦,可能偏离目标越远。"破戒的有救,破见的没救。"见解错了,满盘皆输。

"致知"不是追求知识,它是内观,是往里面看,是内省。大家注意这两个字，儒家有两个特有的名词——一个就是"内省"。什么叫作"内省"？省这个字，上面一个少，底下一个目，意思是少用眼睛看，用你的意识往里面看。用意识与高维相连接，以期达到目的，这就叫作省。

曾子就是用"省"来修行的："吾日三省吾身，为人谋而不忠乎，与朋友交而不信乎，传不习乎。"每天随时随地反省这三件事情。

刘丰：这在《心经》里面叫观自在，观内在自性的临在。

刘宏毅：您说的"观"，是"内省"之外的另一个重要概念。"观"字拆开为"又"、"见"，又见面了，久违的自性又见面了。明心见性，它又出现了。在内观的时候，在你定、静、安的时候，又跟你久违的自性相见了。内省、内观一定是在"知止"的状态下，在定、静、安的境界，往内用意识建立与高维的连接。天台宗有一个止观法门，"止观法门"最早在儒家《大学》里就有记载，比隋朝的天台宗早了一千多年。这是中国的"止观"——致知。

刘丰：到了"致知"的境界，去理解它的"致知"，就是达到了 N 维的致知，一定要达到这个境界的时候才能通透。最高境界的知叫"正遍知"。正遍知跟致知其实都是无所不在、无所不有的宇宙智慧。那也应该叫般若了，是大智慧。

三、诚意

刘宏毅：下面说到"诚意"。什么叫作诚意呢？诚，专注的意思。诚意，是把意诚住。古人经常说这句话，什么是把意诚住？就是要你专注，要聚集你的能量，因为只有"制心一处"，才能"无事不办"。诚意在《大学》里面是这个意思，不知在科学语境里面是怎样解读的？

诚意

◇ 意念是一股很强的能量流，无所不至，无所不能。意来自先天，补充于后天。

◇ 诚意——把意诚住，"制心一处，无事不办"。

◇ 神念与杂念。

◇ 身诚感物，心诚感人，性诚感天。

◇ 诚者天之道也，诚之者人之道也。如保赤子，心诚求之，虽不中，不远矣。

刘丰：诚要是跟真连接在一起，就是真诚，就是你要本真地反映当下认知的状态。因为当下内在的认知跟现实之间的连接，给了你这个机会去觉察。"诚意"的意是我们的意识，当下的意识在哪，那是非常重要的。我们一般人停留在表层意识里面，而没有跟自己内在的状态去连接，就不真诚。说"此人不真诚"是什么意思？就是用了很多东西包装，用了很多知识，用了很多东西包装在外面。一个人真诚的时候，当下自己是什么样就怎么样呈现，而这个呈现跟在外面看到的世界是可以直接对应的。

刘宏毅：《大学》里面，谈"诚意"时提出很重要的一条，"所谓诚其意者，勿自欺也"。诚意，就是不要自己欺骗自己。怎样才能不欺骗自己呢？标准是"如恶恶臭，如好好色"。当你闻到一个很不好的味道，你会立刻远离它；看到一个靓丽的景色呢，例如一个靓女，会多看两眼。闻到恶臭与掩鼻远离，是有因果关联且同时发生的两件事，不是闻到恶臭以后觉醒了，然后才远离它，一定是在当下同时发生的事情，王阳明称为"知行合一"。知行本是合一的，例如说冷，一定是你已经感觉到冷了。"如恶恶臭，如好好色"，此之谓"自慊"。心满意足的那种自在状态，叫自慊。达到"诚意"的初始条件是不自欺。

南怀瑾先生说，明朝的笔记小说里有这样一个故事。有一个买卖古董的人，他在临死前说了一句名言，"我一辈子就干了三件事：自欺，欺人，被人欺"。他买卖古董，有时候走了眼，买了假货回来，这不是自欺嘛。然后他包装一下，再卖给别人，这不是欺人嘛。别人再卖给他一个更高明的假货，他又被人欺。所以他说自己一辈子就干了这三件事。南怀瑾先生感慨说："岂止是买卖古董呀！我们每个人这辈子不都是干这三件事吗？自欺，欺人，被人欺。"所以在此处提出"自慊"、"勿自欺也"。只有自己不欺骗自己，才能达到诚意。

刘丰：其实"诚意"在现实的商业里面，是最容易天天面对的事情。有一本书就是《当和尚遇到钻石》，它的主要内容就是让我们从事物的本质去理解真诚的背后到底是一种什么样的能量在运作。注重短时间内的结果的时候，自欺和欺人的情况很容易发生，但是如果能看到内在能量的本质，完全按照自己心性行事的话，就能找到真正的商道。真正的商道是心法，不是一般的商业，商业规则只是游戏规则。真正赢得商业不是靠规则赢，有些人是靠谋略、伎俩这些东西，但是实际上，真正懂商道的人，靠的是内在的诚意，他把商场当成是自己的道场。

刘宏毅："诚意"，勿自欺是中国文化的一个特点。这里面还有一个概念，"意"和"念"有什么区别？可能在座的同学要问：意念、意念，意和念有什么不一样？我先说我的理解，活人才有意念，人死了，意念就没有了，他的意识活动停止了，或者说转化为另外一种能量形式了。既然活着的人才有意和念，意和念一定不是凭空而起的，后面一定有其能量基础。从生理学上讲，意和念都是带着生物电的，区别是"念"是单一生起来的"念头"，意是连续的"念流"。

> 所谓诚其意者，毋自欺也。如恶恶臭，如好好色，此之谓自谦。故君子必慎其独也。
>
> 人生三件事：自欺，欺人，被人欺。
>
> 不自欺——毋意，毋必，毋固，毋我。
>
> 欺曰自欺，慊曰自慊，都是自己的本分事。
> 中国文化的特点，不假外求，故非宗教。

比如说，你现在起了一个念，"孩子在家里干嘛呢"，这个念是带着电荷起来的。为什么起这个念？不可知，不知道什么原因，它自己就生起来了。但是它带的电荷很有限，消耗完了，这个念就灭了。然后，第二个念又生起来了，"中午吃什么啊"。第一念和第二念之间可以完全没有关系，它们是单独起来的，这叫缘起。不去管它，能量耗完了，这个念也没了。可能第三个念又起来了……中国文化里面讲功夫，根本不用去"除妄念"，能量耗完了，它自己就灭了。

如果不管它的话，七八个念头之后就没有了，因为支持它的生物电没了，它生起不来了。最怕的是什么？最怕的是用意，意是一个持续的、连续的念。比如说："我孩子在家干嘛呢？写功课呢？还是看电视呢？还是打游戏呢？"你用自己的能量，使一个个本无联系的念头连续下去了，这就形成了意。所以说，妄想是因为我们赋予杂念以能量，自己把一个个单一的念头串起来，演了一场连续剧。真正的修行，就是不要让杂念连续起来成为意念，这是降服杂念的根本方法。

刘丰：这个用科学逻辑解释也非常简单。一个"念"就是一个正弦波，它是一个单一信息。当然，还可以成为一个信息组合，甚至两个、三个。因为我们所有的波形，不管是矩形波也好，三角波也好，最后的分解都是正弦波，也叫简谐波。大道至简，最简单的波是正弦波。

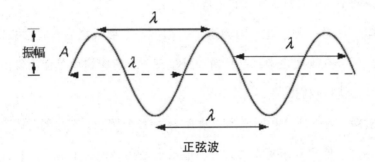

正弦波

一念就是一个众生。在佛家它叫众生，在科学里面就是一个正弦波，正弦波的能量叠加的时候，会产生一个现象，产生的现象叫什么呢？现代科学叫量子纠结。这些念叠加成像了，而且这些像被我们的念头不断地强化，把它们存下来了，就像在我们的存储器里面，在阿赖耶识里给存下来，这个就是"意"了，相当于一个波包。

电子现代科学研究认为，电子不是一个实际的粒子，它是波包，是波形成的结。我们之所以把它叫电子，是因为我们认为它是一个实体，从量子层面来说，是一个量子纠结，让我们产生了对事物的理解，包括一个个想法，因为到了高维里面有很多层次的认知，在那儿障碍着。比如说，人们认为有仙的层次，甚至说有几地菩萨，这都是意形成的，我们已经形成概念了。概念，就是概括起来的把它相对固化的念，这就变成了意。可以简单地称为认知，就是相对于固化的念，就是量子纠结。

刘宏毅：朱熹的老师程子，他说"心之所发"叫作意，就是把你自己的想法发出去就叫意，把刚才说的念连续起来了就叫意。还有一种理解，好像我们要修到"无念"，你修无念，你不成石头、木头了吗？那你还当什么人哪？在《金刚经》里，佛说要"无住生心"，无住，是你不要住在任何一个有形的层次里面，不住念，但是你还要生心，你还要提起一个正念，正念大概就是您说的不断提升意识能量自由度吧？

刘丰：这是一种描述。因为这个"意"一旦形成之后，它会投影成像。在意识之中，在现实之中，这个像一旦呈现了，佛家讲就是业力现前。因为那个认知，就是我们的业。

刘宏毅：好，刚才我们谈到"诚意"。举一个例子，东汉的时候，有一个名臣叫杨震，他要到东莱去做太守。他本来是在另外一个地方做官，现在到东莱是提一级，他路过昌邑这个地方的时候，昌邑县的县令，是他当初做莱州太守时提起来的一个干部。现在自己的老上级来了，昌邑太守在夜里没人看见的时候，到馆驿里面给他送了一包金子。后来杨震就跟他说，我了解你，你怎么不了解我呢？你给我送金子是什么意思？昌邑太守就跟他说，这件事没人知道。杨震说，天知、地知、你知、我知，怎么会没人知道呢？这就是"暮夜无知"四个字。这就对应《大学》里面的慎独。慎独，就是当你独处的时候，没有人看见的时候，甚至连鬼神都看不见你的时候，你应该怎么办？这个才是真正的诚意。

接下来，《大学》里有一句话，它说"小人闲居为不善"，小人闲着的时候，他就没事找事，干一些不善的事，"无所不至"，什么都干。"见君子而后厌然"，看到君子来了，他也不好意思，他也脸红，"掩其不善而著其善"，赶快把自己的错事遮掩遮掩，而且还要解释：哎呀，我不是这个意思。"人之视己，如见其肺肝然"，别人看到你，把你的肝肺都看透了。"则何益矣"，这有什么益处呢？"此谓诚于中，形于外"，你里面有什么，你外面就会表现出什么来。君子一定要慎独，慎独是诚意的一个很重要的方面。

另外就是"十目所视，十手所指，其严乎"。外面那么多眼睛都看着你，那么多手指都指着你，很严重吧？我们老百姓有一句话，叫"千夫所指，无疾而终"。一千个人指你的后脊梁，没病也给你骂死了。因为负能量压到你身上，那不得了。以上谈到的就是"诚意"。

四、正心

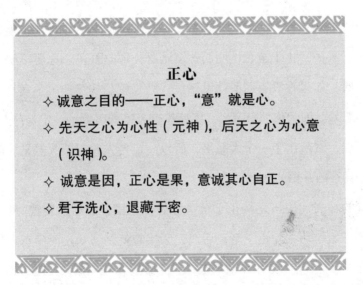

正心

◇ 诚意之目的——正心，"意"就是心。

◇ 先天之心为心性（元神），后天之心为心意（识神）。

◇ 诚意是因，正心是果，意诚其心自正。

◇ 君子洗心，退藏于密。

刘宏毅：我们后面再谈一个概念，叫"正心"。什么叫正心？我们刚才说了"止于一为正"，底下一个止，上面一个一，叫作正。正心就是你自己的心、意、识一定要放到无上高的那个道上去。那个就是"正心"。

孟子谈正心，提出来三法正心。

第一是"收心"，孟子有一个例子，"学问之道无他，求其放心而已矣"。真正做学问，没有什么其他的诀窍，就是求其放心而已，把你放出去的心收回来就好了。"人有鸡犬放，则知求之"，你们家的鸡狗跑了，你都知道找回来；"有放心而不知道求，哀哉"，你的心都跑了，却不知道找回来，太可悲了！

现在我们都忙，什么叫忙？左边一个心，右面一个亡：忙。忙的结果首先就是心跑了。忙的结果还能是什么呢？第二个是盲，眼睛跑了，视而不见，看什么都看不见，这是盲。最后是茫，茫茫然，进退两忙，没有方向。这是孟子说的，真正的求学问，是要收心，"求其放心"；

第二是"存心"，把放出去的心收回来了，然后存在里面。重在用诚意的功夫存，就在这点上要强调，大学之道有一个秘密在这儿，就是"大学之道，在明明德，在亲民，在止于至善"，这是从理论构架上讲的。但是先说明明德，然后亲民，止于至善，明明德多难呀！那是开悟，你要不明明德，你怎么亲民呀！如果你没有明明德就亲民，结果就是扶贫扶出个贪心，搞慈善出了一个恶果。因为你那个亲民，不能符合人家的需要。一定是慈悲生祸害，方便出下流，然后出了一个大恶果。所以一定要先明明德，但是明明德太难了，那是真正的开悟的状态。

大学的功夫，应该是从止于至善开始，亲民，然后明明德。止于至善，才是你要开始的功夫，止于至善后面，紧接着就是"知止而后有定，定而后能静，静而后能安"。为什么止于至善后面紧接着就是知止？因为知止是你止于至善的第一步功夫，但是止在哪儿？止在至善。

刘丰：止于至善和正心高度契合了，也跟大乘佛法讲的无上正等正觉高度契合了。实际上就是说，正心里面包含两个层面，第一，是相信本自具足，坚信这件事；第二，是发大愿，发愿达到一定的境界。当一个人既相信了本自具足，又能真正发起大愿的时候，他就正心了。在《金刚经》里面，须菩提问释迦牟尼佛说："云何住，云何降伏其心。"意思是须菩提问佛，"把心放在哪，才能降服一切妄念"，佛回答"如是住，如是降伏"，就是发阿耨多罗三藐三菩提心，也就是无上正等正觉大愿。也就是说把心放在 N 维宇宙空间（N 趋于无穷大）的境界中。只有那个地方，才是我们的心该安住的地方。正心跟后面的止于至善，都是把心放在那儿。因为只要你有了这个方向，在现实中你做的任何事情，遇到的任何法门、任何机缘全是助缘，全是助你往那个方向走的。这叫悟后起修，你把那个东西明确以后，就不会有任何一件事是白做的。

刘宏毅：另外，中国文化的功夫，特别是儒家的功夫里面，说在身体上有一个地方，叫"至善之地"。孟子说"求其放心"，把你的心收回来，然后存心，存在至善那个地方。中国文化讲"传道不传法"，道我可以传给你，可以讲理给你听，但是至于传法就很困难了。第一，法不落文字；第二，法不传六耳，只是老师和学生之间来传。所以，大法一定是一对一这样传的。

至善之地在哪儿？《周易》里面说"放之则弥六合"，你的心放开去，整个宇宙空间都充满了；"卷之则退藏于密"，收回来，就放到你那个密处去，就放到至善之地去。你不知道至善之地在哪儿，你怎么存呀？老子也说"谷神不死，是为玄牝"。谷神那个地方，叫玄牝，玄牝之门是天地之根。这个地方是很重要的一个地方。这地方在哪里呢？

天地相隔 84000 里，心肾相隔八寸四分，上面去三寸六，下面去三寸六，中间剩一寸二，那个地方就叫作至善之地，又叫天心，又叫黄庭。就把你收回来的心放到那儿去，那儿相当于一个黑洞一样，任何东西一放在那儿就化了，就没有了。"止于至善"，在古代是有功夫的，中国后来之所以出不来大儒，就是因为没功夫了，大家都说嘴，那怎么能行呢？每一步功夫，都有每一步的境界，所以《大学》这部书，没办法翻译成白话文。

第二步功夫是"存心"，把你的心收回来以后，放到天心那个地方去，放到黄庭那个地方去，放到至善那个地方去。

第三步功夫是养心，怎么养心？寡欲。孟子说"养心莫善于寡欲"，你欲望少一点，我没让你绝欲。佛家说绝欲，这个太绝对了，咱们是人，做不到。但是你少一点行，寡欲行。皇帝住的殿叫养心殿，要养心。如果你不养心，你的心神就守不住，待不住，所以要养心。孟子说，养心莫善于寡欲就是正心。

我们来重新把《大学》的前四目梳理一下，用科学的语言解读一下：

"格物"，按照刘丰讲的，相当于清场，相当于归零，相当于颠覆有限认知，它是低维能量的清理技术。

"致知"相当于提升，相当于超越，相当于高维能量的下载技术。

"诚意"相当于信愿、专注、恭敬，这是高维能量的链接技术。

"正心"，它是在投影源里面，对源代码、源程序的一种修改技术。

刘丰：是，每一个系统都有很多解，没有标准答案，不同的人看到的解和自己的当下是相关联的，而且与哪一种答案能够契合，是与自己的认知相关联的。我认为是没有标准答案的。从三维物质世界的解，一直到通达到N维的解，都可以找到，只是取决于我们现在的认知在哪儿。

你的认知在哪儿，你就会领会这个东西的解在哪儿，包括对同一个人、对同一件事的理解。因为众生皆具如来德相，每个人具足圆满，他随便说一句话，我们听到什么，是因为我们自己的认知在那里，才能听到的那个层次。如果你的认知是通透的，你就可以一下看到了，你可以从任何一个层次来解读一句话、一个词，因为它们的来源全是N维宇宙空间，是从最高境界下载下来的。

当我们从每一件事情、每一个知识点，看到这个知识的时候，能够找到这一个知识，或者所谓标准答案更高一个维度的解读的时候，就是我们开悟的一个机缘，就是提升我们的机缘。如果我们只是把这个知识记下来了，来用它，实际上对我们来讲，知识的作用就弱化了。

咱们现在谈《大学》，在我们对话的时候，大家在共同自我提升，我自己是这么认为的。我们在共振，共振的时候是自己对它的领悟，是在不断地提升。这个过程，我觉得是有意义的。把知识作为发酵智慧的酵母，因为它是投影嘛。比方说现场这个投影，这个文字只要在这儿，那投影出这个文字的能量的分布就在这儿了，我要去理解，不是从字面上，而是跟这个能量产生共鸣。我一开始看屏幕，后来就不看了。我就专注在刘宏毅老师这儿，我要感受刘老师讲的时候的能量状态，然后我们去对应，实际上是完全处于一个当下的状态去对应，不是用知识做一个堆砌。

刘宏毅：我们回过头来，再看一段《大学》里面的话，出自《大学》第一段：

> 古之欲明明德于天下者，先治其国；欲治其国者，先齐其家；欲齐其家者，先修其身；欲修其身者，先正其心；欲正其心者，先诚其意；欲诚其意者，先致其知；致知在格物。
>
> 物格而后知至，知至而后意诚，意诚而后心正，心正而后身修，身修而后家齐，家齐而后国治，国治而后天下平。
>
> ——《大学》

大家有什么感觉？好像车轱辘话，都说了一圈。先看"古之欲明明德于天下者"。什么叫欲明明德？明明德它有两个概念：一个是自明其德，就是自己觉悟；第二，是明明德于天下，就是帮助他人觉悟，就是亲民的过程，这是两个过程。从"欲明明德于天下者，先治其国；欲治其国者，先齐其家；欲齐其家者，先修其身；欲修其身者，先正其心；欲正其心者，先诚其意；欲诚其意者，先致其知；致知在格物"，到"物格而后知至，知至而后意诚，意诚而后心正，心正而后身修，身修而后家齐，家齐而后国治，国治而后天下平"，转了一圈。

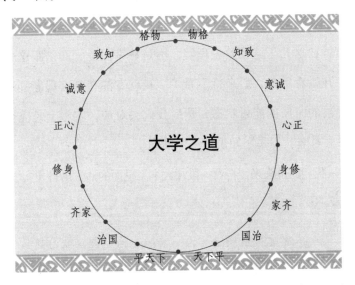

　　为什么要转圈？曾经有一个外国学生问我，他说："老师，你们中国人说话为什么转圈说，为什么不直说？你想干嘛，告诉我不就完了吗？你转一大圈，我晕了，真找不着北了，说的是什么？"我说怎么说呢？它这里面的原因很复杂。涉及我们中国人的思维方式和西方人不一样，中国人是圆思维、太极思维，外国人是直线思维，外国人永远是直脑子、一根筋，他就是直线思维的，不会拐弯。它反映到生活当中去，你看外国人排队永远是一条直线，中国人什么时候直线排队过？看起来是一团乱麻，找不到队尾在哪儿。但是乱吗？不乱，谁都知道自己排哪儿。这是我们中国人的特点，外国人不懂，外国人一定是直线才能了解。

我们说太空当中的天体，任何质点的运行没有直线，都是抛物线，而抛物线最完美的形式就是圆。一个质点，从一个时间点出发，然后经过一个抛物线，经过一个圆，通过无限长的时间再回来，又回到起点，万物一定是这样的。我在圆周上画一点，我点一点，问你这是开始还是结束，这是生还是死，你怎么答？没法答！

老子在《道德经》里面说，"迎之不见其首，随之不见其尾"。迎着你走，看不见头，跟着你走，看不见你的背。因为这是在圆周上嘛，这是我们中国人圆的思维。西方人是直线思维，直线思维只是我们圆思维上的一点而已，一段而已。我在解决一个具体问题的时候，要用直线思维，因为没有直线思维，没有办法解决问题。它一定有开始，有结束。你要解决具体问题，你用圆思维没办法解决。这事你干也行，不干也行，那怎么成？到底是干还是不干？你告诉我呀！你得选择，所以你不能用圆思维。但是在战略高度，我们一定是圆的；在战术高度，我们一定是用直线的。所以，外国人为什么看不懂，他就是不理解咱们这个思维。

三年以前，美国开始全国推广太极拳运动，不知道您有没有听说。因为他们发现太极拳都是转圈、摸鱼，很有利于改变他们的直线性思维。他们发现有一个圆运动的思维很有必要。你看咱们中国，现在还在推广广播体操呢，你还玩直线的，人家已经做圆运动了。这是我们中国人自己的思维方式。

转到《大学》上来讲，我们看为什么《大学》要转圈说。第一，我们要从战略的高度，从大看到小。从平天下，一直向下看，从上往下看，这是智慧的思路。从格物开始一直往上，这是下学上达，就是我在做具体事情的时候，一定是一步一步从下奔上走的，但是目标一定是从上而下制定的。所以有大，有小，有左，有右。

从平天下说起，从大说到小，这叫归纳法；从小说到大，这叫演绎法。这在说理里面是不一样的。另外，从平天下说到天下平，从治国说到国治，前面说的是功夫，后面说的是境界。你要格物，那就物被格了；你要致知，知就致了；你要诚意，意就诚了；你要正心，心就正了；你要修身，身就修了；你要齐家，家就齐了。一个功夫，一个境界；一边是因，一边是果。它的道理，说的一个层次接一个层次，首尾相连很圆满。我们用一个直线思维说得清楚吗？说不清楚呀！我必须转圈说，转圈说都说不明白，还得不断地往里转。后来那个外国人说："原来中国人是这样思维的！"外国人到今天都搞不清楚。

刘丰：现在回到一维的维度，随着自由度的提升一直往上走，但是大家知道，到了N维宇宙空间（N趋于无穷大）的时候，它包容了宇宙中的所有信息和它们的相互关系。在这个境界上，跟零维一样。零维是一个质点，这一个质点包括了宇宙中的所有信息。这一个空间质点，或者叫时空质点，它是圆满的。

刘宏毅：现在遗传学也证明了这一点，就是全息。就是用牛耳朵上面的一个细胞，可以克隆出整头牛。如果这个细胞不是全息的，不可能做出来。

刘丰：这叫生物全息。光学全息也是这样的，比如用杯子做一个光学全息图，这个全息图做完之后，我把它打碎，每一个碎片上，都是一个完整的图像，这就是光学全息。

这个宇宙空间，全息是无时不在，无处不有。而且，这就能解释另外一件事，比如："我们的意识住在哪儿才是本质？"其实有很多方法，有很多道，当真正专注到那一点的时候，就能从那一点得到具足圆满的智慧。只是某些法，通过它的理论体系，让你专注到那一点的时候，你能够跟 N 维宇宙空间连接。

在这个宇宙中，在这个三维空间，我们能够看到的三维的能量和高维连接的是银河系中心的黑洞，这个黑洞是连接高维的。但是实际呢，所有的宇宙空间里的黑洞，随处都在，宇宙有无穷无尽的黑洞。也就是每一个当下每一个质点，它都是跟 N 维连接的。到现在来讲，所有的法门，在它自己的法门体系里面，都可以通过一个质点去领悟智慧。只是由于人类执着于自己的身相，需要我们从身相上找到一个地方去连接，所以就有不同的连接方式。

昨天我跟一位老师对话的时候，他讲了阳脑、阴脑的概念，因为我们人有人形，我们的身体有这样的部位，我们比较容易了解。如果说"你守到哪儿都得智慧"，这句话就让人晕了，因为人需要有一个引导，告诉你一定要去守到什么状态。

实际上，现在的时空，是以多元文化呈现的，我们看到了各种法门、各种方法，它们选择了不同的通达高维空间的通道。我在过去二三十年，进入所有我有缘进入的宗教和修炼法门，只做一件事，在他们中寻找相同，相互印证，叫"求同尊异"。我就发现，其实这个宇宙空间一切都是全息的，任何一个质点都可以悟道。为什么佛家讲佛法八万四千法门？它就是无穷多，任何一种法，甚至一个念都可以帮你成就。任何一个现实的景象，都是我们觉悟的机缘，这就给我们一个非常重要的启发，即入世心法。

很多人觉得好像修行与现实有一个距离。其实当你通透这个概念的时候，就无时无刻不在有机缘中提升，每一个当下面临的场景都是题目，都是应用题。有一个特别好的概念，当你提升的那一刻，你会产生一种喜悦，我们把它叫法喜。如果每一刻都在提升，每一件事情都给我提升的机会，那法喜就充满了，就连起来了。一个人的生命中，随时随地充满法喜的状态，那他的整个生命状态，在当下就是自在，就是幸福，就是喜悦，就是快乐（那叫极乐），就是充满了创造力。

实际上，大学之道里面，讲了圆满，既讲到了内在的高度，同时又讲到了实现这个高度的通道。它就是圆满的，它把发心定到最高，同时又告诉我们，从现实当中如何走到。儒学是能够融合我们整个时空的相互关系的。

刘宏毅：中国文化还有一个特点，它是由文字来悟道的。按照您的观点，中国的文字也应该是全息的。在高维能量的下载技术里面，其中有一个是测字，就是你随便写一个字，然后从这个字里面，他能够解读出你全部生命的信息来。

刘丰：是，真正的象形文字，也是直接从高维空间下载了以后，形成我们的文字，是全像型的。因为每个人在写字的时候，他把自己的整个信息的表达都投影到这个字上了，所以这个字就是全息的，它代表了你的全部信息。有些朋友完全不需要写一个字，你就告诉他一个人的名字，他就马上知道，这个人的能量状态是什么，包括他在现实中遇到的事情，等等。

在干支哲学里面，知道一个人的生辰八字，就能知道这个人的状况，知道他这辈子什么时间遇到什么人，发生什么事，得什么病。天干能量，指的是时空，时间是纵向能量的关系跟四维的关系，地支是我们三维的能量分布。当这两个能量交接在一起的时候，在出生那一刻就完成了。在完成的时候，你站在四维看这件事情的时候，一切都能够看清了。那些时间，能量连接点，它所呈现的事、物就呈现了。从更高一个维度看这个世界，我们看到的是一个全貌——就像我们在迷宫上面看迷宫，看世界的时候就不一样，这也是东方智慧的特点，就是从高维看低维。

刘宏毅：我记得您用五个 Jing 字，解释我们做功夫的境界，知止而后达到的定、静、安、虑，最后得，应该还有一点贴切的地方吧。

刘丰：是的。第一个是干净的净，就是一杯水，如果是一杯浑浊的水，我要想看透的话，一定要它沉淀，它一定要干净。我们第一次做禅修的时候，一般人前四天很难找到什么感受，真正有直觉是到四天以后。第二次可能就三天、两天、一天、半天、一个小时、半个小时、一分钟，最后达到的境界是——我当下就能澄清，这个是干净，格物，就是把物质的杂散能量波清理掉，是建立高维实验的条件，这就是一个干净的净。

第二个是安静的静，刚才说过，水面要平静。

第三个是恭敬的敬，就是面对高维智慧的时候要升起恭敬心。我自己体会特别深，我是学科学的人，我最不能接受的就是宗教各种形式的顶礼膜拜了，我凭什么去顶礼膜拜这个，做这些姿势？后来，我自己凭什么说服我自己的呢？在三维空间自己的生存状态成的像，到第四维，它是无穷分之一了，到了第五维是无穷的平方分之一，到了第六维是无穷的三次方分之一，到 N 维（N 趋于无穷大）的时候，是无穷的无穷次方分之一了，所以在这个境界上，我的存在、我现在像的存在已经完全没有意义了。我们说做任何顶礼膜拜，实际上是跟最高境界的智慧的状态做一个表达，表达它的差异。那这么大的差异，在这个空间里面，让我做什么都不过分。所以就是这么一个念，使我在任何宗教体系里面去面对的时候，让我做什么就做什么，这就是恭敬心的建立。这个不是没有依据的，是真的自己彻底地臣服于整体的宇宙智慧。而那个宇宙智慧呢，又并没有让我们自卑，因为我们相信本自具足，只是我们被自己的认知给障碍了，我的认知让我陷在这个三维状态里面了。

第四个是环境的境，同时又是一个代表境界的境。比如说我这一次到峨眉山做辟谷的时候，环境特别好，我拿水晶钵，我敲那个水晶钵一下，发出的声音比在任何地方发出的声音都长。三分钟，我把它转起来之后，响声持续三分钟的时间不断，而且还起伏。所以呢，我就能知道那个场非常好，这个境对我们有非常重要的意义。还有一个是境界，你的境界在哪儿，你看到的世界是不一样的，不断提升境界才是本质。

最后一个，我们把它称之为镜子的镜，也就是说，外面的一切、外显的一切其实都是自己内在的，外面是一个镜子，我内在有什么就投影出去了。我看到这个世界是肮脏的，是丑恶的，说明我心里的肮脏、丑恶跟它是同等量级的。这给我们一个觉察的机会，如果我们看到的世界是美好的，那说明我们的心理足够美好。

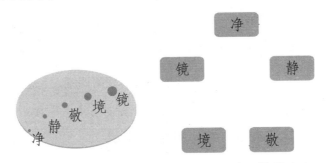

佛家叫"大圆镜智"。比如说我站在一个大的球面镜的中心，向四面八方看，看到的全是自己，这里面根本就没有别人，只是我们自己以不同的相，去呈现出来而已，周围的人反映的，都是我们自己的认知投影的相。

刘宏毅：所以，反过来说，前面说亲民，实际上，亲了半天是亲你自己。佛家也讲了，众生一体。我认为您说的这五个 jing 和定、静、安有很直接的关系。

我们今天讲大学之道，是从知止开始的，刚才讲知止就相当于佛家讲的戒，由戒生定，由定生慧，佛家用了三个字。但是儒家，特别是在《大学》里面，用了五个字，叫定、静、安、虑、得。那个虑、得才相当于慧，静和安是一个中间状态。为什么要用五个字呢？实际上它是跟中国的五行相连的：定是属木，静是属火，安是属土，虑是属金，得是属水。所以定为木之性，静为火之性，安为土之性，虑为金之性，然后水为得之性。这个非常妙，它是讲五行的。我记得你对五行有种独特理解。

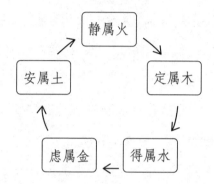

刘丰：我对五行有一个理解是这样的。刚才讲到了大道至简，最简单的波是一个正弦波。一个正弦波分为 a b 两部分的话，a+b 等于 1，正好是阴阳合一。当两个能量波碰到一起的时候，它会产生干涉。那就是 a+b 的平方，它也等于 1。而 a+b 的平方一展开的话，是 $a^2+b^2+ab+ba$，它恰好是四象，分别对应太阴、太阳、少阴、少阳。太阴、太阳对应水和火，少阴、少阳对应金和木，它们综合平衡的能量状态是土。实际上，五行能量分布就是两个能量波叠加，还没成相时的一种能量分布，这种能量分布遍及周边一切。这种能量分布，有可能形成干涉条纹，就是相生、相克。

$a+b=1$　　　阴阳和合

$(a+b)2=1$　　　a^2+b^2+2ab　　　四象

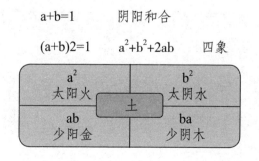

东方智慧，把这种能量智慧提炼出来，以五行、五种特征能量来表达。这个宇宙空间，这个三维空间里面，所有一切能量的本质，脱不开这五种能量的连接。

印度教里面，只强调了一个阴、一个阳和一个阴阳共生的状态，就是三，是三个能量关系，就是一、零和一零合一的状态。但是我们呢，更细分到四象的层面来看。为什么呢？我们就分布得比他稍微细一些，这样，所有的东西都找到了五行关系。这种五行关系对应的所有的事物，比如说身体，都能够对应这种能量分布。但是这种能量分布，一般情况下是看不见的，它分布在那儿，我们看见的是什么呢？它就很有意思！

假设我制作一个全息图，这个全息图上面记录的是无穷多组干涉条纹，每一组干涉条纹，是一个五行分布。比如说这是一个干涉图的话，我看到的会与你看到的不一样。那是因为我第三个能量波，即我意识发出的再现波不同，这个再现能量波以我们的意识而决定，我看到自己把它渲染出来的那部分，你看到你自己渲染出来的那部分。这个就是 a+b 的三次方，$(a+b)^3$，就是第三个能量波介入，a+b 的三次方一展开，就是八卦 $(a+b)^3=a^3+b^3+3a^2b+3ab^2$。所以八卦是我们这个三维空间成的最简单的物质像，它三道杠就是干涉条纹。这八个能量分布，构成了所谓八种物的基因。还有一种能量干涉，它没有成像，但是已经形成了相互作用，它形成了"事"，成为一个信息集合，是八种"事"的基因，与八种物的基因相乘，八八六十四卦，就是这个三维空间，所有事与物的频谱，也是它们的基因。

$$(a+b)^3$$

| a^3 | b^3 | a^2b | a^2b | ab^2 | ab^2 | ab^2 | ab^2 |

在现实中，任何一件事，归到最后，最简单的能量分布就是六十四相之一。当六十四相复杂地再叠加，就叠加出我们现在的世界，就把阴阳、五行、八卦和能量的关系建立起来了。而用这个关系去解读它的时候，西方人听起来容易听明白，确实是能量作用，它是一个可以相互印证的事。这也可以解释，我们看到的世界实际上取决于我们自己的认知，就是第三个能量波的频谱，这个频谱就是我们的认知。

能量波的干涉——可见与不可见

· 基本粒子：质子和电子
· 基本粒子的量子属性：波粒二象性
· 两束波长强度相同的能量波相交，可以产生干涉条纹
· 波动相干成像：物质（可见部分）
· 波动相干成无像：信息（不可见部分）

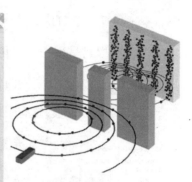

上图表示两束相同的能量波，相交之后形成明暗相间的条纹，显现出粒子属性。

为什么叫"万法由心"？你有什么样的认知，你就渲染出周围什么样的世界。你的认知在三维状态里面，你看到的世界就是一个三维世界；你的认知在一个更高的维度，你看到的就是跟你的认知处于同样维度的世界。所以也是投影与投影源的概念，只是比投影与投影源的关系，在概念上解析得稍微精细一些，其实还是一个投影。

刘宏毅：回来就还是格物、致知这两个字。颠覆你有限的认知，形成一个新的高维认知。

刘丰：因为我们所有的物，其实是干涉成的像。就是两个能量波在空间遇到，当干涉条件具备的时候，它就成像了，当干涉条件不具备的时候，虽

然像不存在，但是这个能量还在，信息还在。在《心经》里面讲的"色"，就是干涉条件具备时候成像，这是色；干涉条件不具备的时候，就是"空"。

"色不异空，空不异色，色即是空，空即是色。"在这个层面上我们再看，从第三个能量波渲染的时候，不管这件事情的分布是什么样的状态，每一个人，当你的第三个能量波投射上去的时候，干涉条件就具备了，此时你就渲染出这个像了，这就出现了"五蕴"，包括"色、受、想、行、识"。"受不异空，空不异受，受即是空，空即是受"，它把这些能量关系说清楚了，不仅仅以这个像的形式呈现。所以格物这件事情，再拓展一下，它最终格的是相，当不断地把这个相给格了的时候，就提升了。

刘宏毅：那就是超越有限认知，提升自由度。（掌声）

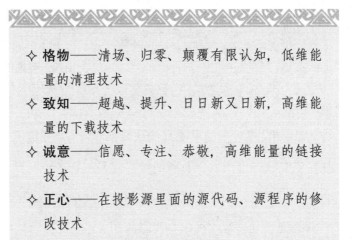

◇ **格物**——清场、归零、颠覆有限认知，低维能量的清理技术

◇ **致知**——超越、提升、日日新又日新，高维能量的下载技术

◇ **诚意**——信愿、专注、恭敬，高维能量的链接技术

◇ **正心**——在投影源里面的源代码、源程序的修改技术

第三章

《大学》之道与入世心法

刘宏毅　刘　丰

第一节　《大学》八目（中）——修身、齐家

刘宏毅： 在前两讲里面我们谈到了《大学》的"三纲"："明明德"、"亲民"、"止于至善"。"明明德"按照现代科学的解读就是持续地提升自己能量的等级、自己意识能量的自由度。然后"亲民"在与外界的接触过程当中，从众生身上发现自己的问题，然后去灭度它。最后"止于至善"，要达到一个究竟圆满的、涅槃的境界。它是善的圆满，是一切苦的终结，这在三纲里面讲得比较清楚。

在功夫的境界里面，我们讲了八步的功夫，"格物、致知、诚意、正心"，然后"修身、齐家、治国、平天下"。"格物、致知、诚意、正心"，这是内圣的四步。内圣的四步骤完完全全是心法，它是从自己内部来修正自己的，按照刘丰老师的话，就是在投影源里边修改源代码和源程序，这是完完全全自己内部的功夫。修身作为一个临界态，它是由里边开始往外转，往外转以后，过了临界态，就是齐家、治国、平天下，那是你与现实的连接，是自己一步

一步在现实世界的展开。

如果说"格物、致知"是科学的方法、科学的手段，那么"诚意、正心"就是道德的方式和道德的手段；"齐家、治国、平天下"，是政治的方法或者管理的方法。无论是道德的、科学的，还是政治的、管理的，最后统统要回归到"修身"。"修身"就是修整你自己，调整你自己。《大学》说，"从天子以至于庶人，壹是皆以修身为本"，强调的都是"修身"这个词。古人做官也是为了"修身"；不让做官，回家了，高高兴兴的，也是"修身"。我赚了钱了，我要"修身"；我不赚钱，我还是要"修身"。因为这是根本，离了这个根本，你的生命就没有意义，你的生命价值就没有办法实现。所以我们今天，就从"修身"开始说起，然后说到"齐家"、"治国"、"平天下"。

好，我们今天先说"修身"，探讨入世的心法。什么叫作入世的心法？稍后我和刘丰老师有一个互动，刘丰老师将从科学方面来解读怎么叫作"入世"，怎么叫作"心法"。

我们可以把"八目"的功夫，看成是一种"能量的重组"或者叫作"资产的重组"。比如说"格物、致知"是第一种重组，它是摆正你意识和物质之间关系的重组。

刘丰：换句话说，本质的根源是内在的。释迦牟尼佛讲的"颠倒梦想"，是说人们在认知上把内外颠倒了。我们以为自己看到的世界是一个真实的存在，其实对它的感知是内在的反应。学习现代科学的人一般认为我们的眼、耳、鼻、舌、身都是对外部事物的信息的一个反应，这相当于不同的传感器。

实际上，从能量本质来讲，低维空间的事物是高维的投影，四维以上的高维全都在意识内在，意识内在有什么样的信息，就会投影出什么样的外部世界。它把外部世界的这种能量渲染出了人的意识能够渲染出的部分。渲染出那部分像，其实取决于一个人对自己的认知，什么样的认知就会渲染出什么样的外部世界。在一般的情况下，生活在三维空间的人，大部分是依赖眼耳鼻舌身意的人，意识是颠倒的，如果能够颠倒过来，真正相信内在才是"投影源"，改变"投影源"，外面的世界就会改变，这个时候才有了所谓的修行。

入世心法——与现实世界的连接

修身——内外转换的临界态

八目功夫的"重组"

· 格物、致知：第一层重组

· 诚意、正心、修身：第二层重组

· 齐家、治国、平天下：第三层重组

刘宏毅：济公老是"拿大顶"待着，他认为这个世界是颠倒的，认为只有"拿大顶"他才能看得正这个世界。这是"第一层重组"，即要重新摆正意识和物质之间的关系。

第二层重组就是"诚意、正心"与"修身"之间的关系，就是你的"意"、"心"、"身"，这三者之间的关系。我们说"意"和"心"，一般不太容易区分。什么叫作"心"？什么叫作"意"？在佛法里讲八识，第六识的这一点，我们可以叫作"意识"，那么进了第七识到了第八识，就是属于那种深层的，它是跟"性"相连的，是"心性"的性。所以这第二重是摆正你的诚意，摆正"意、心、身"之间的关系。

在"诚意"里边，我们提出了几个要求，第一是要有"信"，要有"愿"；

第二是要专注，所以诚意。我们读古书的时候，很多的时候说"你要把意诚住"。什么是把意诚住？就是要专注，要专心在一念，然后就能达到"正心"。"正心"就是调整你自己的心理、心态。

请大家注意"正"字，它是由三个字组成的：一个是"上"，上下的上，告诉你方向在哪儿；再加一竖是"止"，你应该怎么做，你定在哪一个境界上；最后上边加一个"一"，止于一，就叫作"正"。这个"正"字，如果能够深刻了解的话，对如何正心、如何调整自己的心理、心态，将会有很大的帮助。我们今天讲"齐家"的时候，会着重讲正心。

第三层重组，就是"齐家、治国、平天下"。这是与现实的连接，就是你验证自己本自具足，就是你自己有的东西，如何在现实当中来印证，它是从家、国、天下这样一层一层来展开的。

我们中国人的家国是一体的，为什么家国是一体？中国人认为国就是家的展开，它的边界再扩展开，就变成国了，再缩小就变成家了。中国人的"家"不是我们今天理解的小家概念，中国一个大家上百口人，是一个大家族的概念。齐家是最难的。为什么？大家发现家里不是讲理的地方，家里不能讲理。公说公有理，婆说婆有理，他说他的理，你说你的理，谁要讲理，他气死你！你没办法是吧？老婆跟你闹，一哭二闹三上吊，你讲什么理呀？没理好讲！你跟你妈讲理？还是跟你爹讲理？还是跟儿子讲理？没法讲！家里是讲情的地方，它是情的一种结合，怎么在家里磨合，在家里把棱角给磨没了，在外边你就无往而不胜了，所以"齐家"是我们要入世的第一步。

我们现在经常看到，有的人做企业很成功，家里边乱七八糟，实际上按照刘丰老师的话说是，他把这个应用题给解错了。人这一辈子，他带的任务是不一样的，解的题目是不一样的。有人是来超越财富的，有人是来超越感情和家庭的。如果他把这题解错了，本来是来超越情感的，他变成解财富观了，他干什么都赚钱，但是就是结一回婚离一回，结一回离一回，老在这栽跟头。这个是刘丰老师说的是吧？还是您说得比较精彩。

刘丰：我这样理解"齐家"。"家"，是血缘关系。我们上次还提到过，缘是在"投影源"里的关系。再举这个例子看，我这只手投影到墙上，我的手是三维的，而墙上那个像是二维的。在这墙上，我这五个手指头之间体现出来的是手指之间的一种关系，如果手的位置变化一点，手指的投影关系就变成别的样子，随着手的角度变化，可以看到手所投影出的 N 种像。但是这个关系到第三维怎么看，五指之间的关系是确定的，三维的关系对于二维来讲就是"缘"。我们大家经常讲什么叫缘分。我这五个手指头投影到墙上，这手指头是分开的，这叫"有缘无分"；然后我这么投影过去，它们重合了，这是"缘分具足"。在现实中，我们聚到一起的关系，是因为在第四维存在着一种固有的能量关联，这种关联在我们三维空间讲就是"缘"。我们家庭带着血缘，这种关系是非常紧密的，它在高维空间里是最紧密的能量关系。（参考前面的手影图）

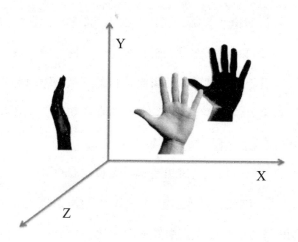

我们知道，所有在空间形成的能量关系，在量子物理里面被称作"量子纠缠"。所有的纠结、所有的认知其实从根本上来说都是障碍，在高维层次能量的纠结，"投影"到我们现实中来就是我们的血亲关系，是最紧密的这种纠结关系，现在我们家庭里出现的这些像，是我们内在最本质的能量冲突。所以家里遇到的各种问题、各种挑战，是和我们自己，除了身相以外最紧密的关系。

我们先要"修身"，因为在高维空间投影下来，跟我们关系最密切的是我们的身体，这个像是我们的身相。身相放大一点，就是我们家庭的能量关系了。它们都反映的是内在的、本质的能量关系。身体可以通过我们的疾病、我们的情志，让我们对内在有一个觉知，到底内在有什么样的认知障碍。当我们把身体内在的认知障碍调制到一定程度的时候，再继续放大，会发现我们与周围能量之间，在更大的能量范畴里面就是家庭。

刘宏毅：您认为家是一个干什么的地方？

刘丰：我认为，家其实就是我们去觉察自己内在认知障碍，进一步把这些障碍去超越、去颠覆的一个地方。在现实中用俗一点的话说，家就是一个道场，就是我们修行的道场。因为在这个地方无时无刻不在觉察着自己内在认知的障碍。因为我们知道，看到的世界都是自己内在的"投影"。家是离我们最近的地方，早晨起来一睁眼就跟家是连接的，从一睁眼到晚上睡觉闭眼，这个过程中我们跟家人的连接是最密切的，这种密切的关系让我们时时刻刻、行住坐卧，都有机会觉察自己内在认知障碍。

刘宏毅：还有一句话是说"家里是学习爱和被爱的地方"。

刘丰：对，进一步放大就是我们在三维空间里边能感受到的最大的能量"爱"。我理解的"爱"在现实中像太阳一样。真正的"大爱"，它没有分别，不会因为这个人是好人就多给他一点，那个人是坏人就少给他一点。我们所有的烦恼来源于分别，来源于对能量的一种纠结，因为有纠结才有分别。

在"大爱"这个能量体系里边体现的是无分别，所以它没有烦恼。太阳只管付出不求回报。可是如果我们拿一个放大镜把太阳光聚焦到一点的时候，那这点就烧焦了。这得出一个很简单的结论："一切狭隘的爱，对人都是伤害。"我们把这么大的能量聚焦到一个人或几个人身上的时候，那这些人反而会被伤害。我们觉得在帮别人，在爱别人，在呵护别人，其实他会觉得被伤害了。比如家长管子女，觉得都是为孩子好，可是孩子的内在总是觉得被伤害了。当我们把这么大的能量聚焦到一点的时候，我们产生了巨大的能量分别，这一点的能量强度跟周边的能量强度差异太大了。

那我们为什么还要组织家庭？为什么还有这种家庭呈现？实际家庭是让我们学会爱与被爱的地方。

什么是爱和被爱？那是感恩，是接受，是原谅，是包容。无条件地感恩、接受、原谅和包容，就是去除分别，就是把自己跟别人的分别完全超越，会关照对方的立场，对对方无条件地尊重、感恩、接受和包容。家是一个学会爱和被爱的地方，当家庭学会了爱和被爱，再把它放大到世界的所有方面，这样的家庭最后就变成贵族，就能承担人类、社会各方面的使命，并可以福荫百代！

人们说富不过三代，是因为富二代只有两种可能，要么是败家子，要么是贵族。而贵族是可以福荫百代的，他承担责任和使命，他把爱以一个家族的形式拓展到周围世界，家庭就是一个修炼的道场，是一个共同提升的空间。

刘宏毅：好，我们回过头再看，在《大学》里边谈，你要想"齐家"，齐家在"修其身"，就是先要把你自己管理好。把自己管理好，做一个好的样板，才能够转化你的家人。怎么样才能够把你自己管理好？在《大学》里，用了这样一句话，它是从情绪、情感来入手。

这是《大学》的原文，它说"身有所忿懥，则不得其正；有所恐惧，则不得其正；有所好乐，则不得其正；有所忧患，则不得其正"。朱熹的老师程子认为，这个"身"字用错了，应该改成"心"才对，因为"忿懥、恐惧、好乐、忧患"，说的都是跟"心"有关的，都是人的心理。

实际上是不是错了呢？我认为不是。为什么？我们看"忿懥"，忿懥就是愤怒，什么叫作"忿"？怒之甚为忿。什么叫"懥"？懥之留为懥，懥就是余怒未消，生了气了，但是心里边老过不去，这口气老在心里憋着，这叫懥。"忿懥、忧患、好乐、恐惧"等等，都是你的一种情绪、情感，和你的身体健康、和你的荷尔蒙激素水平有关系。有时候，一个人心里边很烦闷，没人招他，没人惹他，用《西厢记》里的话叫作，"闲愁万种，无语怨东风"，没得怨还怨东风呢，你说东风招你了？没有。没人招他，为什么忿懥？他就是激素水平的分泌，身体状况不好啊，心里边莫名其妙地就来了，所以我们把它归结到身，它是跟你的健康、跟你的生理有关系的。

比如看中医里面讲"七情"：喜、怒、忧、思、悲、恐、惊，这叫作七情。七情是和人的气血相联系的。我们看一看，忿懥当然是怒了；恐惧当然是惊恐了；好乐当然是喜了；忧患，它可以分成"忧思"还有"悲伤"、"忧悲"，这是所谓的七情。它和人的五脏六腑、和气机是怎么联系的？

怒伤肝、恐伤肾、喜伤心、忧思伤脾、悲伤肺，这是跟五脏六腑相关系着的。为什么这样说？因为它是跟人体的气脉、气血相联系的。

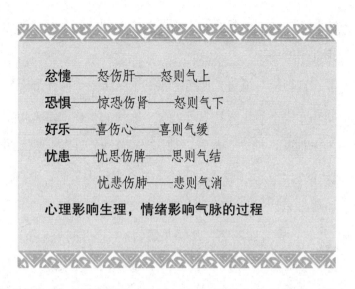

忿愤——怒伤肝——怒则气上
恐惧——惊恐伤肾——怒则气下
好乐——喜伤心——喜则气缓
忧患——忧思伤脾——思则气结
　　　忧悲伤肺——悲则气消
心理影响生理，情绪影响气脉的过程

《黄帝内经》说"怒伤肝"，怒则气上，就是人在发怒的时候，你的气血会往上涌，常说"气得人吐血"是吧？为什么？他的血随气上，气往上，血往上，这人气得就吐血了。"惊恐则伤肾"，为什么？因为恐则气下，人害怕的时候会大小便失禁的，说吓得屁滚尿流，为什么？你的气往下走，当然会大小便失禁。"喜伤心"，为什么？喜则气缓，我们都知道人大笑的时候，是直不起腰来的是吧？笑得弯着腰，为什么？因为你气缓，气接不上啊！所以得弯腰。然后"忧思伤脾"，人老是想事，心里边忧郁、郁闷的话，气结，他不想吃东西，身体会得肿瘤，会得囊肿，等等。"忧悲则伤肺"，为什么忧悲伤肺？因为悲则气消。我们看一个人悲伤的时候，他的气就没了，我们用一个文学的词叫"啜泣"，什么叫啜泣？为什么这样，人家哭的时候气接不上了，悲则气消。喜怒忧思悲恐惊，影响你的气机，影响你的脏腑，然后就影响你的情绪。

我们再看看，"有所忿愤不得其正，有所恐惧不得其正，有所好乐不得其正，有所忧患不得其正"，你的情绪情感一旦不对头的话，就会影响你的心，心会影响你的身，当然你的身心就不正了。大家记住这是很有名的，叫"四不正"，古人用它来治病。

在《王善人言行录》里边，他用"四不正"给一个叫作邢九的读书先生治病。那个邢九先生本来是有功名的，有一天他病了，他这人信神，病了以后，他到庙里去抽签，抽完签神告诉他："你找一个叫作王善人的去给你治病。"后来他让他儿子去接王善人。王善人是一个扛山货的，根本不认字，也没学过医，那他怎么治病呢？后来这王善人突然想起来这"四不正"了，他问邢九先生："有一个'四不正'是哪儿的话？"邢九问他："什么叫四不正啊？"他就说："有所忿懥则不得其正，有所恐惧则不得其正，有所好乐则不得其正，有所忧患则不得其正"，但我不知道这四不正是哪儿来的。这邢九有功名，他考过科举，说那是《大学》里说的话。王善人说："你能给我解释解释什么是四不正吗？"邢九先生给他解释了一遍，后来王善人跟他说："我看先生的病，正是犯了四不正的毛病。你说你家里边有家有业，但是你成天看着你们家的人，儿子、孙子、媳妇儿，没有一个你看着顺眼的，天天跟他们生气，你这不是有所忿懥吗？你又怕他们将来不成才，将来败家，你这不是有所恐惧吗？你还不知足，还往外求，又要成佛，又要成神，你这不是有所好乐吗？你怕神佛不保佑你，你这不是有所忧患吗？人犯了一不正就会让你得病，何况你四不正都犯了！"这邢九先生立刻说："哎呀！您真是一个大天才，您是比我有学问。"然后他改四不正，他的病就好了。你看看这个《大学》，是可以治病的。古人拿《大学》来求雨你们知道吗？这天大旱没雨，不会念咒，就念这《大学》，治病也是用《大学》。

南怀瑾先生讲过一个例子，湖南有一个姓肖的老道会法术，就是一杯水，他念个咒，然后拿手一指，把这杯水喝了，有什么病当时就能治好。肚子疼得不得了，喝完当时就不疼，立竿见影。南先生想学，费了很大的劲，花了好多钱，最后传他的时候，还让他保密，发誓不能泄露！最后传他那咒的时候，老道趴在他耳朵边儿告诉他："大学之道，在明明德、在亲民、在止于至善……"他说："我差点儿没气晕了，我从四岁就开始背，我背得比他熟，我还磕头、花钱啊，转一大圈，学了一个《大学》咒！"但是那个肖老道，他就用这个治病，人家就管事。你从小学了这个，半信半疑的，它就不管事。所以说，你是不是真的信它，你能不能"诚意"，能不能"正心"，这是很重要的，这是从情绪、情感入手来修心的。心理影响生理，情绪影响气脉，这是很重要的一个方面。

人的"修身"，我们认为修身只是说说而已，古人认为修身不是这样的，修身一定是有所体现。什么叫作"有所体现"？

> 孟子曰：仁义礼智根于心，其生色也睟然，见于面，盎（充溢）于背，施于四体，四体不言而喻。
>
> 诚于中，形于外。
>
> 富润屋，德润身。
>
> 儒家修身的重点在心不在身

你看孟子对修身的阐释"仁义礼智根于心"。仁义礼智这种天德，五常之德，如果深深根植于你内心里面，你真的诚意正心的话，"其生色也睟然"，你的脸色一定会好看；"见于面"，在脸上表现出来了；然后"盎于背"，阳气会走你的背部，走你的督脉；"施于四体"，然后走到四肢；"四体不言而喻"，不用说什么别人也会看出来，因为你气质改变了，容貌不一样了。我们书院里面，真正二三年跟下来的学生，他们的容貌一定会有改变，以前的样子很丑，现在看着，哎，改了！以前的皮肤很粗糙，脸像桔子皮似的，现在很细腻，是不是改变了？她自己可能没有察觉，但是别人会有察觉。这叫"诚于中，形于外"，就是你的里面真正诚于中了，外面一定会改变。

有人是越学越傲慢，越读书生命状态越差，这样一定是学错了！把国学智慧当成知识学了。《大学》里有句话："富润屋，德润身。"人有钱了就要折腾房子，小房换大房，茅屋换别墅；就是不换房，也要把里外重新装饰一遍。"富润屋"嘛，这是人之常情。"德润身"，令身体、容貌、气血发生改变的，一定是德上身了。宋儒所谓"读书养气，变化气质"。越学越抽抽，德还上什么身呢？没德，一定是学反了；越学德越少，越来越缺德，一定是学错了！

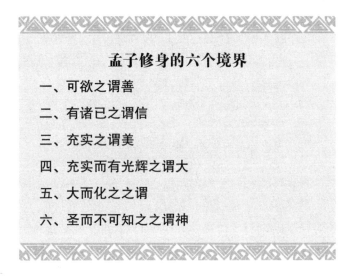

孟子修身的六个境界

一、可欲之谓善

二、有诸已之谓信

三、充实之谓美

四、充实而有光辉之谓大

五、大而化之之谓

六、圣而不可知之之谓神

儒家修身的重点，一定不在身而在心。《大学》谈"修身"，可是把《大学》从头到尾读一遍，没有说要挺胸、收腹、调身！为什么？原因大概有三：第一，"正身"是童子功，幼年时期就已经完成了，传统的"小学"即生活规范的教育，其中就包括了正身。第二，正身在"正心"，心正了，身就正了。第三，正身在"修德"，德上身了，行为、身形一定会改变，这就所谓的"德润身"。

孟子更了不起，孟子提出了修身的六个境界和六步功夫，那是骗不了人的。

把孟子说的这六个境界记熟了，看一眼，就知道一个人在哪一境界了，这是骗不了人的。这六个层次、六个境界，第一叫作"可欲之谓善"，第二叫作"有诸己之谓信"，第三叫"充实之谓美"，第四"充实而有光辉之谓大"，第五"大而化之之谓圣"，第六"圣而不可知之之谓神"，六个境界。

什么叫"可欲之谓善"？就是你学的东西，你修的法门，别人看了以后羡慕，想跟你学。"可欲"，有希求的愿望，这样你修行的就对了。"善"，不是善恶的善，是肯定的意思，相当于中原话的"中"。相反的，如果你所学所修的东西，人家都反感，那你一定是方向错了。

"有诸己之谓信。"果真落实到自己生命里面来了，没有往外求，落实到身体里边来了，在自身里面升起内信，这叫作"信"。

"充实之谓美。"真正地充实你自己，补气荣血，充骨填髓，你的身体一定会改观，健康状况一定会改变，这叫作"美"。

"充实而有光辉之谓大。"有光芒放射出来，量子生物学上称为生命能量的辉光，这个就叫作"大"。何谓大人？此之谓也。

"大而化之之谓圣。"大小是相对概念，再大也是有边界的，大到了没有边界，超越了相对，"大而无外，小而无内"了，就是圣。

最后，"圣而不可知之之谓神"。超越了圣，再向上走，就不是我们常人的智慧所能及的了。

孟子的学生问孟子，说乐正子这个人（乐正子也是跟孟子修行的），他修行的境界到了哪一步呢？孟子说"二之中四之下"，什么意思？在第二个境界的上边，第四个境界的下边，也就是第三了，换句话说乐正子的境界就是"充实之谓美"，德才上身，行为上刚刚表现出来，别人看着美哉！其实才到达这个境界而已。我们自己到了哪个境界？到达"充实之谓美"的境界了吗？可能"有诸己"还没到，因为没有自信，生命中的本自具足还未找到，所以差得还很远。第二个境界尚未达到，后面至少还有四个阶段呢！按照刘丰老师的解读，就是六个不同的空间维度吧？

刘丰：对。"可欲之谓善"，当我们解读人生的意义的时候，提升意识能量的自由度是人生的意义。整个人生，每一个人所要达到的最极致的目标，是那个本自具足的境界。

我们来看"可欲之谓善"的时候，实际我们把它理解为"看到所有众生都本自具足"，你会随顺众生，这叫"可欲之谓善"。这个时候产生的善，是你由衷的，你对谁都不会去批判、批评，你会随顺。因为什么？你看到的是对方的本自具足，你在众生面前不会妄自尊大。

"有诸己之谓信"，也就是"相信自己本自具足"，一切东西内在都有，"有诸己"，自己身上拥有一切，这个信叫正信，当你相信你本自具足的时候，你才有内在成就的动力，你才有基础，所以叫"信为道源功德母"，这是立信。

"充实之谓美"，我们自己的内在境界，能够从一个有限的外相，进入"投影源"，随着"投影源"的提升，从一维推到二维，二维美于一维；从二维推到三维，三维美于二维；到第四维感受到的美，就超越三维的美。这就是"之谓美。"这是充实，充实内在。所谓的充实，是你的意识在不断地提升，超越有限认知障碍了，回归到自己本自具足的状态，越往那个方向走，感受到的世界就越美。

"充实而有光辉之谓大"，这是什么意思？因为我们的内在全是能量，全是高维空间能量的一层一层的"投影"。当你充实了，不但达到了这个境界，而且在这个境界的背后，形成这个境界像的能量，能够呈现出来了，这叫有光辉了，所以我们看我们画耶稣也好，画释迦牟尼佛也好，画这些先哲也好，他们背后都有一个光环，这个光环是什么？是他的内在之光，这叫"充实而有光辉"。"之谓大"，这大是什么？就是境界越高，他所占有的空间格局就越大，这叫大。

"大而化之之谓圣"，什么意思？我从四维到 N−1 维，整体的能量体系我融合在一个体系里，这就是圣人的境界。一切圣贤皆在超越三维的境界定位自己的生命，所以佛家《金刚经》有言叫"一切贤圣皆以无为法而有差别"。"圣而不可知之之谓神"，"神"是什么？是 N 维宇宙空间（N 趋于无穷大），大家注意 N 趋于无穷大，它不是一个能够固定在某一个位置上的，它不可知。因为修无止境，无止境地向着那个 N 趋于无穷大的方向，只有在这个描述特征的能量状态之中，才能"谓之神"，这也就是所谓的佛，无上正等正觉；所谓的道、无极；所谓的神、唯一；以及一切的能量的主宰。

刘宏毅：这是在修身这一节，我们可以参考的孟子的话。从曾子到子思（子思是孔子的孙子，曾子的学生），然后再到孟子，孟子是子思的门人（弟子的弟子），二人间隔了将近一百年，但是一脉相承的一个体系。通过孟子的话，我们可以理解修身的内涵。

《大学》里讲的修身，无论是齐家、治国还是平天下，一定离不开修身这个根本，所以"自天子以至于庶人，壹是皆以修身为本"。为什么？我们再看

《论语》里另外一段话，子路问孔子如何才能做一个君子。

修身与修己

子路问君子。子曰：修己以敬。

曰：如斯而已乎？曰：修己以安人。

曰：如斯而已乎？曰：修己以安百姓。

修己以安百姓，尧舜其犹病诸。

——《论语·宪问》

孔子回答只有两个字："修己"。用尊重、恭敬的态度，来修正改变自己。

子路觉得不过瘾："如斯而已乎？"就这样就完了吗？孔子说对呀！你还想怎么样？"修己以安人"，自己修正了，就能够让别人安定、安详、安然下来。

子路又问："如斯而已乎？"就这样就完了？孔子说对呀！你还想怎么样？"修己"果真做到了，就可以让你周围的百姓都得到安定。"修己以安百姓，尧舜其犹病诸。"用这样的办法去治国平天下，尧舜这样的圣帝明王都认为自己没有做到，至少没有做圆满，觉得是一块心病。果真能把"修己"修好了，这世界就太平了。我说这话你还不信吗？就是这个，再没有什么可说的了。

我们从一般意义上理解"修己"就是调整自己而已。怎么调整？为什么调整自己就能够安人、安百姓，就能够治国、平天下呢？请刘丰老师给我们一个精彩的解读。

刘丰：我们刚才讲到，一切外相都是我们内在的"投影"，都是我们内在认知的"投影"。而我们这个内在认知的"投影"有一定的范畴，它投射出我们的身相的时候，我们讲"修己以敬"什么意思？这里面有几层。

第一，我们的内在其实是本自具足的，但是因为我们有不同层次的认知，障碍在那个认知的状态里了。实际"修己以敬"包括两个层面，一个是对自己内在具足的智慧的一个敬，一个是对外在这个相的敬。因为外相源于内在，如果你能够从所有的外相反求诸己，从内在找答案，这个时候找到的答案才是这个外相的本质。如果我们在外面看到一个相，想从外面找到答案，其实那个答案对这件事情没有意义。在现实中，有时遇到一件事情，我们不开心了，就觉得自己遇到小人了，认为那个原因是外部的一个原因，其实不是，因为我们在外面遇到的任何一件事情，它的原因都是我们内在认知"投影"出来的。因此，我们遇到所有事情时，第一件事是问自己——内求。

有些朋友问我："刘丰老师，你能不能给我推荐什么书，我应该读什么书？"我说："人最该读懂的那本书是你自己。"因为自己本自具足，我们每一个人体内都坐着一个师尊，就看你这辈子能不能把他请出来。所以"敬"，是敬自己那个具足圆满的智慧，但这前提是你相信你本自具足，"修己以敬"就是问自己——内求。而且内求的过程，觉察自己的认知，把它颠覆、把它超越。

"修己以安人"，那个"人"也是自己的投影，你怎么安那个人？其实你安人的过程，也是调整你自己的过程，你心里一转，外境就安；你心不安，外境就不安。外境只是对障碍的觉察，觉察我们内在的那个认知是什么。

我们有一种心，是要把人安下来，这叫有一个悲心，有一个慈悲，但是我怎么安？这是在修自己，修那个智慧，不是说有一个慈悲心，就可以安人。没有智慧，不把自己内在维度提升，根本转化不了外相；能转内在的，这是智慧，能够转内并"投影"出这个世界的外相，这是智慧，这是安人。

修己以"安百姓"，就不光是一个人了，就是所有众生，所有人其实都是自己的"投影"，全是自己"投影"的相，所以你可以安百姓。尧舜把所有世间百姓的疾苦，看成是自己的认知障碍，说都是自己的病。他把众生的烦恼当成自己的烦恼去解，每一个众生的烦恼都成了他得智慧的因，这叫烦恼，即菩提，所以他比罗汉多了无穷多倍得智慧的因。这就是，当众生的烦恼都解了，他就觉行圆满，这就是"心净国土净"。

刘宏毅：这就是"修己"，《大学》里叫"修身"，它可以安人，可以安百姓。"安人"可以理解成"齐家"，"齐家"实际上是明明德以后，亲民的一个入手的功夫。要亲民，最好先从"齐家"开始，因为家里人有一个特点，你在外边是大师，回到家你什么都不是，你在家里被打回原形了，所以说家庭是最好的修行道场。

在中国的传统社会里，社会的最小单位划分到家庭，不像西方。西方社会的最小单位划分到个人，每个人都有自己的权利、义务，有选举权与被选举权，西方国家的宪法，第一条"私人财产神圣，不可侵犯"。中国宪法里是"公有财产神圣，不容侵犯"。在我们的观念之中，最小社会单位划分是到家庭而非个人。

齐家，亲民的入手处

◇ 中国传统社会，最小社会单位划分到家而非个体的人
◇ 家庭——家族——宗族——民族——种群——群族
◇ 家庭是社会的最小组成单位，相当于人体的细胞。修行成果看是否能齐家
◇ 没有一个稳定和谐的家庭，社会一定不稳定
◇ 家的定义

有些人认为，中国社会一直不承认个人的价值，泯灭人性等等，实际上从深层分析，并非完全如此。从整个亲民的过程来看，中国传统社会结构是由家庭到家族，家族到宗族，宗族到民族，民族到种族，种族到群族，一脉相承下来的。在这个结构模式里，没有办法将最小的社会单位划分到个人，这在无形中起到了一个积极作用。什么积极作用呢？就是中国人大气、包容，"小我"的观念很淡薄。小乘佛法在中国为什么传不开？小乘佛法要解决小我的问题，中国人先天就没小我，上来就是齐家，所以中国有大乘菩萨道，东南亚地区直到今天还是小乘佛法。西方人动不动就是我的权利如何，自我越来越膨胀，直到自己控制不了了，只能交给上帝去处理。任何事情都有正反两面，中国的社会结构有自己的特点，不是简单地用专制、封建等名相就可以下结论的。

家庭是社会的最小组成单位，相当于人体的细胞。修行有没有成就，首先看你能不能齐家。现在的家庭不出问题的少，小家出问题了，相当于人体的细胞出了问题。北京市的统计数字，结婚率和离婚率几乎相等，且略低于离婚率，即离婚的比结婚的多，单亲家庭越来越多，这个社会能和谐吗？西方社会认为单亲妈妈很正常，我们中国人认为这不正常，特别是对孩子的成长非常不利。

现在这个社会，乾坤两卦颠倒了，变成以坤卦为主了。首先要安顿大地，因为大地安顿不好，天的能量是降不下来的。现在的男人好像干不过女人，为什么？因为他的能量发挥不出来，底下没人接着，也接不住，所以先得清理大地。大地清理了、平稳了，然后乾的能量才能降下来，男人才能像个男人。现在就是这样，都是你们女性张牙舞爪的，（笑）没有一个稳定和谐的家庭，社会就不会太稳定。

如何才能齐家

◇ **要有智慧**

理性智慧——创造幸福生活的物质条件

感性智慧——体验幸福生活的感性能力

◇ **要有示范效应**

君子有诸己而后求诸人，无诸己而后非诸人，所藏乎身不恕而能喻诸人者，未之有也。

◇ **要去除偏见**

有限认知造成的心理障碍，偏见、偏心、偏听、偏信

怎么才能够齐家？三条原则：第一要有智慧。刚才刘老师讲了，不是说你自己认为调整就行了，转变自己容易，转变社会很难，为什么？转变他人是需要有智慧的。我们经常是"本为度众生，却被众生度"，让众生给度了。（笑）劝人学佛向善，人家不听，自己纠结、气愤，那又何必呢？所以要有智慧。

齐家的智慧，细分又有三种：第一是理性智慧，第二是情感智慧，第三是感性智慧。简化一点说，就是理性智慧与感性智慧。

理性智慧好理解。现在人谈婚姻、组织家庭，往往"理性有余，感性不足"。什么叫作理性有余？有没有北京户口啊？有没有房子啊？有没有车啊？身高多少啊？腰围多少？好家伙，一切都是理性的，还要婚前财产登记公证，那你还过什么日子？女性昏了头才有"婚"，是吧？一切都明明白白了，日子过得就乏味。

理性智慧是创造幸福生活的物质条件，现在幸福生活的物质条件有了，我们幸福了吗？恐怕未必！现在不少人家钱有了，房子有了，车也有了，却整天受煎熬，他不幸福。为什么？没有感性智慧，没有感受和体验幸福的能

力，他天天在那里不知足，什么事都觉得没劲。旅游吧，没劲！玩玩去，没劲！活着都没劲，那还活个什么呢？可见，只有理性智慧还不够，齐家需要感性智慧。

有夫妻俩为了买个电冰箱打起来的，这个要买 2600 块的，那个想买 2000 块的，就因为 600 块钱闹离婚。为什么买冰箱要产生纠纷？这个说，2600 块钱的美观、人性化。那个说了，冰箱不就是冰东西使嘛，有冰箱的功能就行，干嘛要多花 600 块钱呢？一个从理性需求出发，一个从感性需求出发，二者如果不能统一，这个家就没法齐。

年轻人找对象也得注意，谈恋爱的时候随便，组织家庭的时候就要谨慎，家庭的组成是两个家族 DNA 的结合，绝非两个人的结合，没有那么简单。古代的婚聘礼仪为什么那么复杂？要三媒六证，要几次下聘礼，然后才是婚礼，特别隆重！为什么？就是告诉你，第一，结婚的成本太高，没有办法来第二回，你受不了！第二，搞得如此隆重，意在昭告天下，双方都要自尊自重，过不下去也要凑合着过，因为这涉及两个家族。我们今天就是太随便了。

齐家的理性智慧还表现在，即使对家里人、身边的人也不能够随心所欲，想说什么就说什么。什么话应该说，什么话不应该说，说到什么分寸，这都需要有智慧。

第二，要有示范效应。要求别人做到的，自己首先要做到。这就是《大学》里面说的"有诸己而后求诸人"，自己做到了再去要求别人；"无诸己而后非诸人"，把不应该做的去掉了，才有资格去批评别人；"所藏乎身不恕"，自己都不能包容、不能原谅，"而能喻诸人者"，能把别人教明白，"未之有也"，这是没有的事。"以己昏昏，使人昭昭"，自己还糊里糊涂，能把别人教明白吗？盲师教出来的学生，不是盲的平方吗？

第三，要去除偏见。在家庭生活里面，有时候我们有先入为主的偏见，做决策的时候我行我素，剥夺孩子和其他家庭成员参与意见的权利。我们应该反省，要向孩子学习，甚至要向动物学习。动物是与自然合一的，人类的行为大都在违背自然规律。有些认知造成的心理障碍，就造成了偏见、偏心、偏听、偏信，这样的家庭就难免会出问题。

落实在心理心态

人之其所亲爱而辟焉，之其所贱恶而辟焉，之其所畏敬而辟焉，之其所哀矜而辟焉，之其所敖惰而辟焉。故好而知其恶，恶而知其美者，天下鲜矣。

故谚有之曰："人莫知其子之恶，莫知其苗之硕。"

此谓身不修，不可以齐其家。

《大学》在齐家这一节，接着前面的"四不正"，讲"五辟焉"，请大家记住。"辟"就是偏僻，偏斜了。

"人之其所亲爱而辟焉，之其所贱恶而辟焉，之其所畏敬而辟焉，之其所哀矜而辟焉，之其所敖惰而辟焉，故好而知其恶，恶而知其美者，天下鲜矣。"

什么是偏僻？偏颇的心理心态。这些偏颇的心理心态是如何造成的？是由人的偏见、偏颇的认知所造成的，所以才有偏颇的行为。

"人之其所亲爱而辟焉"，当你爱一个人、爱一件事、爱一件东西过了头，就会产生偏见，你就会僻，就会偏。两个人谈恋爱的时候甜甜蜜蜜的，女的说："你可注意呀，我脾气不好啊！"男的还说："哎，我就喜欢脾气不好的！"这不贱骨头吗？结了婚以后就不这样了，他认为是痛苦，为什么？"之其所亲爱而辟焉"，当时他被那种爱意迷昏了头脑，偏颇了吧！

"之其所贱恶而辟焉"，讨厌一个人的时候，看他出气儿都讨厌，恨不得掐死他。因贱恶而辟焉，真那么让你讨厌吗？不一定，是偏颇的心理歪曲了你的价值观。

"之其所畏敬而辟焉"，当你特别尊敬一个人的时候，你也会产生偏颇的心理。"哎呀，活佛！""上师！仁波切！""哎哟！不得了！"有个仁波切级别的日本大师，法会现场夸张到什么程度？他擤鼻涕的纸现场拍卖，这些人不是疯了吗？是不是"之其所畏敬而辟焉"？

"之其所哀矜而辟焉"，当我们怜悯、可怜一个人的时候，也会被自己的偏见所蒙蔽。那些职业骗子、职业乞丐，就是利用了这种心理，欺骗蒙蔽善良的人。还有就是那些所谓的"善人"，两年前的新闻报道，南方有一个姓关的女性，50多岁，她挪用公款22万多，干嘛呢？养了一群流浪猫、流浪狗。这22万还不够，她还自己兼职打四份工，去养这流浪猫、流浪狗，公司要对她提起刑事诉讼，要判她的刑。最后还是5000个善心人士给她凑钱，凑足了这20多万，她才免于刑事诉讼。我们先不说你的发心如何，首先你的行为就触犯了国家的法律。这是不是"之其所哀矜而辟焉"？

"之其所敖惰而辟焉"，富二代、官二代，有钱，于是"敖惰"。敖是傲慢，扬着下巴颏；惰是懒得跟你说话，努努嘴，使个眼神就指使你了。这是不是偏颇的行为？如果你的心理心态，建立在这种偏见、偏颇认知的基础上，你的行为就会不正，家就不会齐。

"故好而知其恶，恶而知其美者"，当你喜欢一个人、一件事、一件物的时候，"知其恶"能同时了解其缺点；当你讨厌一个人的时候，"知其美"能同时知道其优点。"天下鲜矣",这太难了,天下这样的人太少了!

"故谚有之曰",谚语说,"人莫知其子之恶",儿子总是自己的好;"莫知其苗之硕",总觉得别人家的庄稼长得好。为什么?"莫知其子之恶",是你自大;"莫知其苗之硕",是你自卑。自大、自卑都是偏颇的两头,而非一个中的概念,所以"身不修不可以齐其家",不修身能齐家吗?不可以。

这就牵扯到一个重要的问题,如何超越我们有限的认知。刘丰老师说,任何认知都要超越,都要颠覆,为什么?

刘丰:因为我们本自具足,当执着于任何一念的时候,就形成认知了,这个认知就随之变成了障碍。以我们在现实中的情况来看,大部分人有共同的认知,就是三维认知,是我们的三维空间,也是对这个物质世界、对三维相的执着。而对三维相的执着,是因为我们建构的三维认知而呈现的,如果没有我们的三维认知,我们"投影"不出这个三维的相。它就相当于一张纸,是二维的,二维认知挡在眼前的时候,就看不到三维,当我把二维的纸都拿开的时候,我看到了三维。我们内在存在着三维认知,"投影"出我们内在三维的相,而这个三维的相,就是我们的杂念,三维的杂念,当我们把最后一个三维的认知拿掉,把杂念、相拿掉的时候,我们可以得到更高维的智慧。

有些人的障碍在四维认知上,比如说他成了一个大师,他知道过去、知道未来,能给人家算命。像这样的认知,其实也是障碍,为什么?因为四维上面还有五维,三维和四维,在这两个维度之间,我们看到的是巨大的差异,可是跟 N 维(N 趋于无穷大)、跟本自具足的那个智慧相比,三和四就没有区别了,因为三比无穷大约等于零,四比无穷大也约等于零,任何有限数比无穷大都约等于零。我们的认知,在任何一个维度全都是障碍,这就是佛家《金刚经》里讲的,"一切有为法,如梦幻泡影,如露亦如电,应作如是观"。

而当我们把自己内在的所有认知都超越，离一切相，不执着任何一个认知的时候，我们内在的智慧的境界就达到了 N 维（N 趋于无穷大），这个时候公式就变成了无穷大比无穷大，无穷大比无穷大等于一或任意数，"一"就是天人合一，"任意数"是"遍周天法界，无时不在，无处不有"，那是一个圆满的状态。

$$3/\infty=0 \quad 4/\infty=0 \ ; \ ...n/\infty=0$$

$$\infty/\infty=1 \ ; \ 或者 \ \infty/\infty= 任意数$$

我们只要有认知就是障碍，《金刚经》里面说"凡所有相，皆是虚妄"，只要有相，就障碍在中间了。《金刚经》还说了一句话，"若以音声色相见如来，是人行邪道"。如果一个人告诉你，在某个层次上产生的相就是如来，就是佛，就是最高境界的智慧，只要这个东西以相的形式出现，就把你障碍在这个相上了，那原本就是一个认知的"投影"。基督教知道这个事情以后，用了一个很简单的方法，把四维到 N-1 维全给省略了，告诉人们离开三维就是 N 维（N 趋于无穷大），中间所有境界你都不要执着，不要拜任何偶像，拜任何偶像都是撒旦，它也是一个心法。

我们看到，最后所有人类智慧指向的全是 N 维宇宙空间（N 趋于无穷大），而在那个状态之中，我们不执着于任何一个认知。任何认知都是有限的，而且都可能是障碍，包括现实和面对现实的心态，都是由认知造成的。

第二节 《大学》八目（下）—— 治国、平天下

刘宏毅：请注意心态的态字，心上面一个太，太是大，比大还大一点，是

说人的心胸要大。这是说的齐家。家再放大就变成了国,齐家就变成了治国。

古代的"国"是诸侯国,相当于我们今天的一个区,甚至一个社区。会治家了,就会治国,家国是一种投影放大的效应。

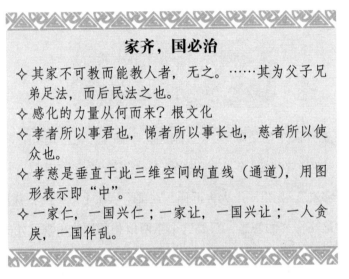

家齐,国必治

◇ 其家不可教而能教人者,无之。……其为父子兄弟足法,而后民法之也。

◇ 感化的力量从何而来?根文化

◇ 孝者所以事君也,悌者所以事长也,慈者所以使众也。

◇ 孝慈是垂直于此三维空间的直线(通道),用图形表示即"中"。

◇ 一家仁,一国兴仁;一家让,一国兴让;一人贪戾,一国作乱。

治国这一节的第一句话:"其家不可教而能教人者,无之。"自己家里都搞不好,还出去教别人,没有可能的。前面讲了,修己以安人,修己才能安百姓。"其为父子兄弟足法,而后民法之也。"你的所作所为、你自己的行为,使你的父子兄弟能够甘心情愿地向你学习,以你作为效仿的榜样,然后一国的百姓、你的邻居们才会来向你学习。如果你学的东西自己都没有做好,别人怎么会跟你学呢?不可能!自己首先要成为一个好榜样。

自己做出了榜样,就自然生出感化作用。这感化的力量是从哪里来的?从根上来的,所谓的"根文化"概念。《大学》里提出"孝者所以事君也,悌者所以事长也,慈者所以使众也",谈出来"孝、悌、慈"三步的功夫,这是根文化上的功夫。

什么叫作"孝、悌、慈"?如果像刘丰老师说的,宇宙间最大的能量,在三维空间能感受到的就是"爱"，而且这个"爱"是无分别的，这种无分别的爱，孔子叫"仁"，对吧？仁是没有分别的爱，爱是有分别的仁。繁体字的爱，中间有一个心，心里有条件，因为喜欢我才爱你，哪天不喜欢了，我就不爱你了。搞对象的时候，他说要爱你一辈子，结果中途分手了。他是存心骗你吗？未必，当初他是想爱你一辈子，可中途条件变了，结果就变了。无条件的爱，才是孔子所说的"仁"。

在仁和爱中间，有一个档次叫"慈悲"，慈者予乐，悲者拔苦，其本质就是这种无条件的博爱。把它想象成一个探照灯，往下照就叫慈，像慈母爱子一样善待天下一切人；向上照就叫孝，孝敬自己的父母长辈，然后孝敬天下人的父母长辈。这条直上直下的能量通道，就叫作慈孝之道，是从高维直接贯通下来的。

物质财富是无法永远传代的，富不过三代。第一代创业，第二代守业，第三代造业，就没了。物质财富不能长久传世，什么能够传世呢？只有德业能够传世。孔子的传人到今天已经第79代了，孔子积得德多厚，一代一代传下来。怎么传下来的呢？就是沿着慈孝这条通道，一代一代传下来的。不孝的人，受损失的不是父母，而是你自己，因为祖先遗德的通道被截断了，传不下来了。

还有一个"悌道"，什么叫悌？悌是与你平辈的兄弟姐妹之间的关系，包括同事、同仁、朋友。孝慈之道是纵向的，悌友之道是横向的，纵横之间构成了一个十字架，所以中国文化是十字架的文化。在中国的上古文化里，有画十字的修行方法，用拳印额头、两肩、胸、喉；结手印也有十字的。十字的中心焦点是你自己，由此往上、往下、往左、往右，看前后、左右、上下，这六个面，此谓六合，《周易》里叫作六爻。

我们后边要讲到"絜矩之道"。絜矩之道就是在三维空间里面，掌握那个关键的平衡点，像练太极拳一样，永远走圆弧，是圆运动。圆运动的关键是要找到其中心，中心不能丢，这个圆无论怎么转，中心是不变的，如果我们把中心丢了，你的这个三维的六合空间就歪了，就不正了。

明白这个道理，再看这句话"孝者所以事君也"，懂得了孝，知道了孝道的作用，你就知道如何处理与父母、与领导之间的关系了。"悌者所以事长也"，懂得了悌道，你就知道如何处理与同辈人之间的关系了。"慈者所以使众也"，知道了慈，知道了如何疼爱子女，就知道如何领导大众、如何对待自己的部属。这是讲治国的道理。

慈孝相当于垂直于这个三维空间的一个通道，用一个"忠"字就代表了。"忠"字的那个方块代表我们这个三维空间，有一个竖线直上直下地贯通下来。这个通道是连接高维空间的，就是慈孝之道。

"一家仁，一国兴仁；一家让，一国兴让；一人贪戾，一国作乱。"此处的一家、一国、一人，指的是在上位的、有影响力的人，多为当权者。古代的人喊皇帝万岁，祝皇帝万寿无疆，很多时候是他们的心里话，他希望皇帝能活一万年才好呢，一个国家、一个政权，它存在的时间越长，政策才越长久。如果四年换一届政府，想想看它能制定什么长久的国策吗？很困难，对吧？

后面就是所谓的"絜矩之道"。关于絜矩之道，我们刚才讲了中国文化的十字架，中心点是你自己，然后自己向上下看，向左右看，向前后看，这就形成了絜矩之道。絜矩之道是中国古代的一种测量方法，用根绳子丈量大树或柱子的周长叫作絜；用直角尺测量面积或者画一个方形，叫作矩。絜矩之道就是所谓的标准、法度、规则。我们刚才讲到在三维空间找自己的平衡点，守住这个平衡点，这个三维六合体才是正的，才不会歪斜的。

絜矩之道，也就是后来的中庸之道，絜矩也就是"中"的概念。曾子做《大学》之后，他的学生子思也著了一部《中庸》。《中庸》就是根据"絜矩之道"来的，其谈"中"的道理，就是谈平衡点的道理。

絜矩之道

◇ 所恶于上，毋以使下；所恶于下，毋以事上；所恶于前，毋以先后；所恶于后，毋以从前；所恶于右，毋以交于左；所恶于左，毋以交于右：此之谓絜矩之道。

◇ 中国文化的十字架，中心点是自己，六爻三维空间的平衡点，这个平衡点找不好，所处的这个三维空间就是歪的，甚至是颠倒的。

◇ "絜矩"之道，即《中庸》"中"的由来（至善之地），"中庸"是"絜矩"之道的发挥。

懂得"絜矩之道"，才懂得如何治国，它是怎么谈的呢？

"所恶于上，毋以使下；所恶于下，毋以事上。"这是对上下关系讲的。"所恶于上，毋以使下"，上面对你的态度，对你采取的方法，你讨厌、不喜欢，"毋以使下"，就别用这一套去对待底下人。"所恶于下，毋以事上"，底下人的工作态度、对工作的结果，你不满意、你讨厌，"毋以事上"，就不要用这种态度和结果去对待自己的上级，这是推己及人的方法。

"所恶于前，毋以先后，所恶于后，毋以从前。"前边人留给你的这些东西让你厌恶，你就不要给后人留下相同的东西，让后人厌恶。"所恶于右，毋以交于左，所恶于左，毋以交于右。"左右也是同样的道理，经自己传递的一定是让人满意的东西，一定是正能量。

但是，在实际生活中，我们大都躲避矛盾，把球传给别人。"这个菜我不爱吃，送给你吃吧。"你不喜欢的东西，让给别人？"己所不欲，勿施于人。"看前后左右上下这个关系，如果看明白了，你就会治国，就会调整与大众的关系了。这个絜矩之道，这种平衡点的掌握，用科学来解读，应该如何理解呢？

刘丰：刚才讲的那个"所恶"，其实就是让我们觉察。儒学的智慧，层次非常丰富，它可以在现实中启用。比如我们先看刚才刘老师讲到的，上边对我们的态度，我们有时会感觉不舒服，但不要用它来对下属，这是一个操作方法，实际操作方法的背后，是什么意义？也就是说儒学的所有智慧里边的东西，表层上可以让我们启用，但是也可以让我们去悟道，我们可以在法和术上接受它的建议或者指引，同时它也可以让我们领悟，它也是一种修行。

比如说"所恶于上"，即上面的这些东西，让我感到烦恼了、纠结了，这个时候，就要觉察，"我为什么会产生这个烦恼纠结？一定是我自己内在有这个认知"，要把它颠覆，颠覆以后，在下面去实行这件事情的时候，这件事情就通达了。大家注意，这件事情是方法，如果只是模仿这个方法，你能不能在现实中做一个好人？可以。但这是修行吗？不见得。你要明白，这件事是在颠覆你的一个认知，因为上面对你不好，这件事是你自己的认知造成的，你把这个认知颠覆了以后，你对下面就自然会好，不需要刻意要去所谓的修改行为，而是要修改内心。

儒学智慧，如果只看到它的表层上该怎么做，而不知道它背后为什么这样做，就没有办法跟内在的道连接。儒家智慧它叫"借假修真"，外相的假预示着内在的真。

我们从这点上就能看到，从左和右之间、前和后之间，它不过在告诉我们一个非常重要的概念，可以在现实中做，按照这个规矩来做，保证你在处理现实的事情时，是圆满的。但为什么圆满？如果你只是在形式上去模仿这件事情，只是在法术上，大家注意啊，很多人在学儒学智慧的时候，学的不是智慧，而是方法，他学到方法也有意义。为什么？半部《论语》就治天下了，就按照这半部《论语》的方法，能治天下。但治天下又怎么样？治天下不就是三维的事吗？治天下你能够真正达到内在提升吗？不一定。有道明君，治天下是捎带的，他的自我修炼是真正的，是实在的。我们学儒学，学《大学》，要把它归于修心，而又能够在现实中践行，这叫入世心法。在现实的践行中，去悟到这件事跟自己内在提升有什么关系，随时围绕人生的意义是提升意识能量的自由度，是提升维度这件事情。当一个人能够随时围绕这件事情的时候，外边的万假、所有的假，都是提升的机缘。

那么，"所恶于上"，是让人觉察、转念、转心，"毋使于下"，是让人在现实中践行，这样心行和实行融为一体，在这个地方内外就合一了。如果它只是外相上模仿，做到了，可以是一个好皇帝，是一个好人，但他内在是否真的提升了？不一定。

所以，我们就知道儒学智慧，一定把儒和道连在一起，跟他内在的道能够领悟出来。内在的道，是跟我们内在具足圆满的智慧时刻连接的状态，不只是一个法，或者一个术的东西。

刘宏毅：还有一点，说到絜矩之道，就是在这个三维空间、六面体之间，你是处在一个中心、一个关键点、一个平衡点的位置，上下左右前后的能量都汇集到你自己身上，如果你自己修心、修己，你自己的心念一转，整个能量场都会变，负能量也会变成正能量。

刘丰：是的！而且"中"是让我们不偏不倚，当执着在现实中的是和非里边的时候，我们的能量就被这个是非的层次所牵引，不可能跳出来。而只有当我们平衡在超越是非的状态的时候，也就是中庸的，不偏颇于是、非的时候，才可能纵向提升，纵向提升是目的。就像两个翅膀，鸟在平衡的时候才能飞起来。中庸的本质，不是让我们四平八稳地生活、保持在这个状态里边，这个状态是一个副产品，使人不断提升内在的一个副产品，它原本是一个法门，可以从这个法门达到提升的目的。

中庸之道那个"道"是通达 N 维智慧的，在保持中庸的状态里，实际您刚才讲的，因为亲爱、憎恶等等，这些都不中庸，它都没有保持这个能量，都偏颇了，只要抱有这样的能量取舍就是一种执着，这就是一种认知创造的外相，这个东西本身能量就偏了，能量一偏就不会沿着中线往上走。所以还是那句话，回到本质，人生的意义是提升意识能量自由度，是提升这个维度的。如果了解到这一点，所有东西都归于道。

刘宏毅：絜矩之道上的那一点，实际上是全息的。

刘丰：是的，它是具足所有智慧，就指的当下，我们当下所处的状态，而且一定是以我们主体来"投影"出的这个世界。你站在你自己的主体，这就是本位，这个本位的根本是具足圆满的，而在这个本位你感受到的不圆满、不具足这些障碍，全是我们的内在认知，是我们自心认知的障碍。也就是那些认知使我们不圆满、不具足，使我们偏颇。

刘宏毅：所以说"一切皆以修身为本"，还是要落实到自己，还是在本位。

我们看"修身、齐家、治国"，刚才讲到治国，第一步是"孝悌慈"，第二步是"絜矩之道"，接下来第三步，也是最后一步功夫，就是"平天下"了。

刘丰：我刚才有一个感悟没来得及说，孝和慈，我以前对这个的理解没有很深，但是刚才您的几句话，一下让我有一个灵感。孝是对上，慈是对下。当我们的原点不断地提升的时候，我们所驾驭的相的范畴就越来越大；当我们提升到最高境界的时候，就进入了一个彻底的"大慈"，这就是大慈大悲了。大慈就是当我们到极致的时候，对所有的众生全是包容的。那个孝到了最高境界，你不断往上，孝的最高境界就是至孝，其实至孝就是合道了。孝道在纵向分布里边，刘宏毅老师分解得特别好，给了我这个启发。

我们所讲对上的孝，到什么时候是个头呢？一定是到最高的境界——至孝，而当我们到了至孝的时候，我们剩下的是什么？就是慈悲了，就是"无缘大慈，同体大悲"，那个时候我们就知道，宇宙一切是一体的，N 维宇宙空间全是一体的。在我们三维，在有限空间里面看，我们互相之间有分歧、有分别相，这些分别相我们以为是无缘，但是到"投影源"里边它是有缘，在"投影源"里它也有它的分别。我们再上一层，直至上到最高境界的时候，我们才发现，原来一切的"投影源"是一个，到那个境界的时候，我们才能够体会什么叫无缘大慈。那个大慈就到了最高境界，我们对所有众生都平等了。这是孝和慈进入最高境界，就是刚才说的原点，到圆满的时候，就一切通透了。

刘宏毅：孔子为了"孝"这一个字，讲了一部《孝经》，一万多字专门讲这一个字，什么叫"孝"。在孔子那个时代，孝都很难理解，何况今天呢！

实际上，我们提倡的是孝行，这是一种很自然的行为，而非行孝。一说行孝往往就偏了。有各种各样的行孝，有孝身、孝心、孝志、孝道，你选哪一个？只照顾父母吃穿不愁嘛，此为孝身，养个宠物还得喂点精饲料呢，孝养父母只孝身够吗？进一层是孝心，让父母不操心。孔子说"色难"。什么叫色难？脸色不好看，这也是不孝。总之，孝里的讲究太多太多了。

再讲到"平天下"。简单讲，"平天下"就是承担社会责任。古代天下的概念，和今天不同。周朝把自己治下的人民和土地加起来叫作"天下"。所以才说"有人此有土，有土此有财"。按照刘丰老师的说法，人除了承担社会责任，还有生态责任，是吧？

刘丰：对。因为是这样，在古代一个人一生走过的路、见过的人、经历的事，与现在比较，是非常有限的。那个时候，人的整个意识格局，是以王朝、以国土作为局限的。我们现在一个人一个月可能就把古代一个人一辈子经历的事全经历了。我们现代人的意识，对整个生命、对整个宇宙的认识，已经拓展到了极大的范畴。

当我们了解到原来这个宇宙，它是 N 维宇宙空间（N 趋于无穷大）的，我们开始理解古代智者对宇宙的描述，他们到底说的是什么，什么是无漏的智慧体系？也就是 N 维（N 趋于无穷大），它才是无漏的，这是宇宙的一种描述。当我们知道这件事情的时候，就把我们对三维宇宙的认知拓展到 N 维（N 趋于无穷大）了，所以这时，我们对生态的概念，就有了新的认知。

以东方智慧来解读生态的话，它是从宇宙生态到自然生态，到能源生态，到社会生态，到人文生态。这么一描述的话，纵向生态链一旦呈现，我们发现原来生态是道。它无时不在，无处不有，生态就是一种能量存在的状态，生态文明其实就是德，生态责任就是律。所以生态责任就变成每一个个体和团体对众生爱的承诺和担当，是承担一个整体宇宙空间的一切责任的，也就对一切的呈现承担百分之百的责任。在这个格局之下，现代人的思维格局应该超过了古人。但是，我们的先哲们说到的空间，说到的天下，其实我们还可以理解为更广阔的宇宙空间，因为当时的人听不懂宇宙这么大的格局，他们只能用有限的空间，比如国土这种形式来说，把天下描述成有限的人和国土。

刘宏毅：先秦时期，诸子百家里有阴阳家，代表人物是邹衍，他与孟子同时代，但比孟子名头大，走到哪里都特别受欢迎。到了燕国，"燕王拥彗而行"，燕王夹个扫帚跟着他，一边走，一边给他开路。邹衍为什么有如此大的派头呢？因为他是阴阳家，专门讲天地之道，就像今天的刘丰老师一样，是讲天体物理学的。邹衍说，天下有九州，中国只是赤县神州。他那个天下的概念，很像今天的地球物理，与儒家讲的人文化成的天下，不是一个概念。

儒家认为，"平天下"，担当社会责任，首先要解决价值观的问题，即"义利之辩"。司马迁说："天下熙熙，皆为利来；天下攘攘，皆为利往。"世俗人都是逐利的，无利不起早，没有利益，就没有推动他前进的力量了。

这种对利益的追逐，儒家称为"谋利"。儒家的谋利观有三个观点，前两个已经争论几千年了。

第一个观点是董仲舒提出来的，"正其义不谋其利"。第二个观点，"正其义而后谋其利"。到底要不要谋利呢？吵来吵去，鸡同鸭说，二者的对话频道根本不一样。

平天下，承担社会责任

◇ 天下熙熙，皆为利来；天下攘攘，皆为利往。
◇ 儒家的谋利观
① 正其义不谋其利
　为政以德。不以利为利，以义为利。君子喻于义。
王何必曰利……
② 正其义而后谋其利
　富可而求也，虽执鞭之士，吾亦为之。
③ 均富，散财于民
　财聚则民散，财散则民聚。

第一个，"正其义不谋其利"。是对君子、统治者说的，当政者要"正其义不谋其利"，要以义来治国，两眼不能只盯着 GDP，要为政以德，以义为利。

孟子见梁惠王，惠王开口便说：老人家远路风尘，能给我带来什么利益呢？孟子说，王何必曰利。怎么开口就谈利啊，为什么不问仁义呢？仁义才是最大的利，义能让你赢得天下人心，比那些眼前的蝇头小利要强得多啊。所以，"正其义不谋其利"，是对君子、统治者说的。

第二个，"正其义而后谋其利"。这是对小民、普通百姓说的。老百姓当然要谋利，他要生存。"富可而求也，而执鞭之士，吾亦为之。"这是孔子说的话。如果真的有富可求，我情愿拿根马鞭给人家赶车去，谁不愿意让生活富足一点呢！

儒家绝对不是反对人谋利，市场行为当然要谋利，但要正义而谋利。君子爱财，取之有道。正义而谋的利叫阳财，不正义而谋的叫阴财。阳财带来的是福，阴财带来的是祸。一个可以让你享受幸福生活，一个能让你丧身、丧家、丧命。

财富是分正负的，有的财富是阴财，它只是一堆数字，记账可以，但无法花出去。有些人的钱再多，也只能花2亿买个破瓦罐子，号称古董，因为他的阴财花不出去，反不如升斗小民的10块钱。人一定要得阳财，不能得阴财，那是负担是祸。

第三个，"均富"。儒家提倡均富，走共同富裕的道路。齐家一节里用了"齐"字，什么叫齐？农民种庄稼，看今年麦子、高粱能否丰收，首先看它长得齐不齐。如果长得一般齐，收成肯定错不了；如果长得七长八短，收成不会很好。看一个社会也是如此，评判一个社会和谐安定与否，要看这个社会的均富水平如何，不能看先富起来的少数人，那不算数的。合理的社会结构应该像枣核一样，富人和穷人是少数，中间的大多数人在一种均富的状态。儒家提倡均富，认为只有在均富状态下，社会才能稳定，才能没有仇富这种偏颇、嫉愤的心理。

另外要散财于民，即民富而后国强，而非国家与民争利。国家把财富都敛走了，你想要老百姓干什么，他都跟你要钱，不给钱不干，因为你国家有钱。如果国家没钱，钱都是老百姓的，大事发生时，比如外敌来侵，老百姓当然要拼命守卫疆土，因为国家亡了，他的财也保不住。这是散财于民的道理。

《大学》里说"财聚则民散"，国家把钱都拢来了，人心就散掉了，老百姓就散了。"财散则民聚"，让百姓先富起来，藏富于民，民心就聚起来了。儒家几千年来都是这样的观点，它和现在西方经济学的财政完全是两回事。在西方的财务制度下，国家实行的是赤字财政，寅年吃卯年的粮。《大学》里谈的则相反，是"生之者众，食之者寡"，创造财富的人多，吃闲饭的人少；"为之者疾，用之者舒"，生产财富的速度快，消耗得慢，当然就有富余，这绝对不是赤字财政政策。

中国古代能够闭关锁国，这是要有足够的资本才能做到的，我不跟你交易，不要你的东西，我可以养活自己，因为我有这个本钱。中国历史上都是贸易顺差，不是今天的赤字经济。还有，选择民富还是国富，是两条不一样的路。秦朝走的是国富民贫之路，25 年就垮台了；唐朝走的是民富国强的路，所以成就了盛唐。基本国策要根据自己民族的特点来定，不能一味照搬别人的东西。

义利之辨，同时也是今天讲的财富观。刘丰老师对财富的三种观点，挺有意思的。

刘丰：能量分成有形和无形的，财富就是能量。在我们三维空间里，能够形成的有形能量，它在成像以后，就是相对固化的能量。佛教智慧里边让我们财布施是在干什么？财布施是把我们有形的、相对固化的能量激活了，激活到哪去？激活到高维了，那个高维能量离开我们了吗？没有，而是回到我们自己内在了。像比尔·盖茨和巴菲特，把他们大部分资产捐出去的时候，你想想，他这样的人再做事，根本不需要钱！他有钱的时候，人家说"你有钱，你自己花钱做这件事"；在他没钱的时候，他说"我要做这事"，有的是人愿意出钱帮他做成这件事。

承担大责任、大使命的人，他手里不需要有钱，但是他能调动足够的财富，这就是财富的属性。当财富是一种活性能量的时候，它是可以用你的意识来调动的；当财富变成相对固化的能量的时候，它只能用显性的方式参加博弈，在这个有形空间里边进行能量交换，这件事做起来是很辛苦的。

当今世界，当比尔·盖茨、巴菲特把他们大部分资产捐出来这件事发生的时候，我得到的灵感是：其实这个世界根本不缺钱。缺什么？缺高纯度的把钱用到最该用的地方的人和团队。如果我们能够保持这种足够的纯度，调动财富就是靠你的意识，靠你的起心动念。

同时，当我们知道财富是能量的时候，我们发现财富的背后，它的另外一种属性，就是责任和使命。也就是，你会不会把钱用在最该用的地方。如果一个人没有想好承担更大的责任和使命的话，其实多余的财富是灾难的诱因。就像我们现在很多人，摄入很多营养，弄得营养过剩，这过剩的营养堆在我们身上，是得病的温床，是毒素沉积的温床。如果我们能把营养用到最该用的地方，对自己所要享受的那一部分营养，能够有限地摄取；而对于多余的东西，甚至根本不需要它进来，或者在它进来以后我们知道，怎么把它排出去。能量是一个流动的状态。

我们知道，只要财富一流动起来，我们在里边享用自己所需的那一部分，就变成一个动态的、很容易、很简单的事情。我记得一个朋友谈他的财富观，他根本不认为任何财富是自己的，他觉得财富只是一股水，通过一个管道流经自己而已。财富流经自己，如果是一根细管子，他把财富全吃掉了，这份财富还是匮乏的；如果这财富是一条大江，那他在这喝个足，这条江也不会干。但是如果要想把这一江的水全部圈起来，存在自己肚子里边，那就撑死了。

我一个朋友说过一句非常经典的话，他说："刘老师你知道吗，撑死的滋味比饿死难受多了！"这就是对财富的一种观念，把财富变成一种动态的活性能量，当它成为活性能量后，它并不属于自己，自己只是代管，自己能够消耗的那些财富实际上是有限的。

我很早就认知到一个概念，每一个人这辈子能消耗掉的财富是个定数，你能挣到的钱、消耗到的钱，都是个定数。因为我们看周围很多人也不笨，也不傻，勤勤恳恳，一辈子到了没挣着钱。而有些人玩着玩着钱却花不完。这是怎么回事呢？其实你这辈子来的时候，该是多少带来就是那么多，早早把它花完了，那就早早下课了。如果你真的知道你能吸财、吸物的话你就会很康泰地走完你圆满的生命。

很多人用不同的手法预支自己的财富，预支将来的现在用，就是目光短浅嘛，想急着发财，这就是赤字经济。这样的结果就使得他后来不得不掉入一种困境之中，在那个困境里边，实际真正掉下来的是什么？掉下来的是自己的心性，是对自己本自具足的否定。这种人根本没有办法超越，没有办法再回归到他自己本自具足的那种不断在现实中的验证，因为取之无道。

我们曾经把能量概念用于戒毒。我跟吸毒的朋友聊过，他说现在的人想帮助他的时候都会说，"你这样是毁了家庭、毁了事业、毁了身体"等等，他根本听不进去，为什么？因为他在吸毒那一瞬间，他感受到的是一种高维体验，他感受到的高维体验比三维要美得多，所以你用三维的认知跟他说的话没有用！我们在跟他沟通的时候告诉他，"其实这种高维的境界，我们是完全可以通过修炼达到的"，我们每一个人都可以堂而皇之地走大门进去。这吸毒是干嘛？是走歪门邪道，他从后窗户跳进去，每一次偷了宝出来摔一下，摔一个半残，下次上去很困难，好不容易爬上去，回来再摔一次，最后永远跟这个境界隔绝。

其实我们对待财富也是这样。我们人类在自己成长过程中，如果在每一个当下不断地积淀我们自己，不断印证本自具足，这种积累会让我们不断提升自由度、提升维度。那些所谓的空间境界，所有的高维境界，我们完全可以进入，那是因为我们修炼，是因为我们能够把现实的这些有限认知超越。但是如果要走旁门左道，包括聚财也走旁门左道的话，这些东西都是灾难的诱因。

从科学的逻辑来看，财富的这种能量，我们应该不断把它激活，激活财富的过程其实是让自己提升的过程。明白的人，会让每一分钱都成为自己内在成长的一份能量，他会这样去管理财富，把财富用在最该用的地方，他不会挥霍财富，不会浪费。

有句话叫"无财不养道"，很多人以为是得有了财富才能去修行，才能去进行内在成长。其实这句话被理解错了，"无财不养道"什么意思？是"没有一分钱不是用于成就你的道的"。只有明白这件事情的时候，才会把所有的财富都用于内在成长。当内在成长的时候，进入的是良性循环，良性循环能做到的事情叫"心想事成"。你到这个境界，你可以超时空地去设计现实的未来呈现，这就是《吸引力法则》那本书里所说的。一个人能够驾轻就熟地使用吸引力法则，使用《秘密》提出的这个概念的前提，是内在的维度足够高。在一个低维状态、意识散乱的状态，根本做不到。很多人说："我也想啊，我也想发财啊，为什么我想不出来？"是因为境界没到，不会聚合能量，你的心性散乱，而且目标太低。

西方人在用吸引力法则的时候，很多人的目标是在现实中创造一个实相，创造财富，创造现实的实体。而东方智慧不是这样，东方智慧用到吸引力法则也好，用到《秘密》提出的这个概念也好，只是提升自己的意识能量自由度，而得到的现实结果就是"有心栽花花不发，无心插柳柳成荫"，是印证自己本自具足的。这是两个截然不同的概念，一个是作为财富的奴隶，只想积累财富，这是不知足；一个是知道本自具足，通过这个过程来验证本自具足。

刘宏毅：有些人是追寻财富，像碾坊里的驴一样，前边挂个胡萝卜让它追，到死也追不到。还有一种人，是设个套、弄个局来吸引财富；而最高境界的人，我就是财富，我就是财神，我到哪里财富就到哪里。

刘丰：对，因为本自具足，因为一切是他自己"投影"的，之所以不能聚集能量，是自己认知给障碍的，虽然本自具足，但他不知道本自具足，老在外求，老希望从外面得到。这样的话他就不知道，"我就是财富，我在哪儿财富就在哪儿"。只是你需要哪一部分财富显化而已，你把那一部分财富显化了，你就要对那一部分财富负责，你就要把那一部分财富用到最该用的地方，那个最该用的地方就是让自己的内在提升。

刘宏毅：对，有一句话叫"德不配位"。很多"成功人士"，财富积累实现了，但人也没了；有的人家里刚装修完房子，就出车祸走了；还有刚升官就得重病的。为什么？

刘丰：这就是他把自己的能量提前消耗了，而且他自己没有意识到，如果他意识到这一点，一转念这人就活了，就能回来。就是说，当人临死的时候，如果突然明白了这些身外之物实际是让他来承担责任的，这样的事情就有可能发生。

我有一个朋友就是，他曾经是发了财的，结果得了重病马上就要死。这个时候，他突然产生了幻觉，在这个幻觉里边，他得到了一个信息说，"你积聚了这些财富，你不会用，你不知道该干吗"。他就问："那我到底该干嘛？"回答说："你这辈子，是来替老天爷打工的，你不去干这件事情，你积聚那么多财富，你是消你自己的福！你没有资格，你不来完成你今生的题目，你赶紧下课，你回去以后搞明白再来得了。"这时候他如梦初醒，他说："我现在明白了，我明白怎么办了，从此往后，我这辈子要用挣来的钱做的所有事情，都不是为我自己做，我就为老天爷打工。"结果，人活了！还挺猛。他说了一句话，他说："这个世界上有天赋的人谁都用不起，谁用，谁折寿。这些人也不会给自己用，这部分能量只能给老天爷打工。所谓给老天爷打工就是把他的能量、能力，全用在内在提升上。"

刘宏毅：对，就是他的能量，可以瞬间再转回来，因为能量是守恒的，能量都外化了，里边就空虚了，寿命就减了。

刘丰：如果这些不明白的人，走到生命尽头，是因为没有转这个念，没有看到生命的意义是什么，我们的内在会让我们回去的，因为我们活一天能量就会往下掉一些。这个意思是说，我们从出生开始，如果不修行的话，能量天天在往下掉，因为这个五浊世界不断修理我们，让我们的能量维度往下掉，我们的内在实际是站在更高维度的，本来这辈子是要往上提升的，结果你不但没提升，还往下掉，到一定程度它甚至会把你拉回去。如果我们子女，还有当医生的，能把他给救回来，如果还能够告诉他，"你要是想继续活着，你的生命要是想往回走的话，就要往上走"，这叫救他慧命，给他一个方向，这个时候你是真正积了大德了。但是如果你不知道，你只是把他的生命救回来了，他不觉悟，他继续往下掉，最后他走的时候，能量维度跟现在的差异谁负责？把他拉回来的那人负责！所以说，我们救人生命的时候一定要知道，救生命的同时要救他的慧命，要让他的生命觉醒，人在濒死的时候，他的生命是可能觉醒的。为什么？因为人在濒死的时候，他能感受到这个三维空间和他的幻觉，也就是和我们平行的那些三维空间之间高度的平等。

我们在北京做临终关怀时经历过很多，很多人在临终的时候会产生幻觉，这个时候是他内在的觉知开始离开三维执着了，离开有形空间执着，你在这个时候给他的引导，他非常容易接受，这个时候如果给他一个生命的方向，他就会向那个光明的方向去，这就叫"朝闻道夕死足矣"。

刘宏毅：我们现在就得开始做临终关怀了。

刘丰：对！我们刚开始做临终关怀的时候，我的一个老师就跟我说了一句话，他说："刘丰你知道吗，我20年前就给自己做临终关怀了，因为生命无常，如果我们对生命的理解，对生死的理解越早，我们就能越早放下对死亡的恐惧。"一个人在有生之年放下了对死亡的恐惧，那他的生命质量就不一样了，他很多时候就能够专心致志地走向成功，走向自己内在提升的路了。如果他天天担心"明天我会不会遇到车祸，明天我会不会遇着什么灾难"的话，他的心在不断吸引着负面能量；如果他没有对死亡的恐惧，他天天在吸引着正面能量，他知道：只要生命存在，人生的每一天、每一秒都在提升，就像在考场上，他会珍惜每时、每刻、每分、每秒，因为他知道，每分每秒都能把他的生命境界继续提升。

稻盛和夫说，人生的根本意义在于灵魂走的时候比来的时候高了一点。高一点就是内在能量自由度的提升。但是当我们从东方智慧看彻悟的时候，我们知道高一点不够，我们要把大愿放在 N 维（N 趋于无穷大），那就是能高多少就高多少。

刘宏毅：那你就提前交卷了。

刘丰：有些人很厉害啊，他的功课完成得很好，然后他就提前交卷了。有些人很棒啊，对人也好，各方面都很优秀，怎么年纪轻轻的就走了？这是人家提前交卷了！有没有！我们考试有提前交卷的吧？也有！但是为什么有这样的结果？你看提前交卷的这些人，他走时那个状态，他绝对不是在那种恐惧、悲哀、纠结状态下走的。

刘宏毅：还有交白卷的。

刘丰：有人交白卷，那是他觉悟了，他得赶紧回去，尽快再回来修一下，因为他发现自己这辈子没有领悟的空间了，有这个可能性。

> ◇ 道得众则得国，失众则失国。是故君子先慎乎德。……德者本也，财者末也。外本内末，争民施夺。
> ◇ 仁者以财发身，不仁者以身发财。未有上好仁而下不好义者也，未有好义其事不终者也。
> ◇ 此谓国不以利为利，以义为利也。

刘宏毅：刚才刘丰老师无意中把《大学》里的一句话说了，"仁者以财发身"。真正的仁者，真正的修行人、高能量的人，他是以财发身，他用每一分钱来提升自己的生命境界，提升自己意识能量的自由度。"不仁者以身发财"，不仁者在发财的同时，境界不断地往下掉，不断地迷失自性，丧失能量。财如水，德如船。财多是水大，水大得有船吧，水涨船高就不怕；如果没有船（没有德），水大了就可能溺水死人。这是很重要的一句话。

另外，"君子先慎乎德"，德是最主要的。德与义是相连的，孟子有个说法"集义生气"。把所有的义集聚在一起，能量就生出来了，气就是能量，这是吸引力法则吧。

"义利之辨"在中国谈了几千年，应该有一个结论："义就是利"，它是一种无形的大利，是一种尽虚空法界的活性能量。《大学》最后的结论，"国不以利为利，以义为利也"。一个国家的最高财政策略应该是"不以利为利，以义为利"。一旦国家"以利为利"，天下人就会按照你的方式去做。而"德者本也，财者末也"，德是本，财是末。"外本内末，争民施夺"，去追求那个末，而丢掉了根本，老百姓闻风效法，大家都会争利，天下就会大乱，很多事情就会颠倒了。

刘丰：我们国家现在走向正道了，因为我们的领袖讲了，"宁要青山绿水，不要金山银山"，我们将要从追求 GDP 的这种以商业引领、以利益引领的模式里边走出来了，我们这个时空已经进入了以责任引领的时空点了。

在东亚大气污染峰会上，我跟两个韩国人和两个日本人对话，我一上去就想起我们小时候学韩国人说话前"前轱辘转后轱辘不转，后轱辘追不上前轱辘"。什么是前轱辘？我们过去把发展当前轱辘，而把责任和环境当后轱辘，我们拼命转前轱辘，后轱辘即使再转得快，也追不上前轱辘。这么多年，我们的环境越来越糟，是因为我们发展得非常快，我们的责任和环境治理跟不上。现在这个时空，我们的领导已经把脑子转过来了，转成什么了？转成以责任为前轱辘，我们所有的未来的发展都是在责任引领下的，所有的商业的前提一定是以责任作为引领的。当我们以责任作引领的时候，才是真正的以义为利。这不是排斥义、排斥利，但是谁作为前提很重要。

整个宇宙是全息的，我们现在看到整个宇宙大环境，不断地在给我们启示，大地污染、水污染，最后空气都污染，我们再往下走，连喘气的地儿都没了。当我们连喘气的地方都没有的时候，就不得不反思人类的行为。所以这是一个大趋势，就是大自然也在帮助人类觉醒，也帮助我们从过度的物质发展中跳出来。我们现在看周围的大部分人，很多人都开始追求内在的成长，追求心灵成长，这就是我们人类已经从以三维能量为主导的时空，转向以高维能量为主导的时空。

这就是我们东方传统文化，它是以高维驾驭低维的，以意识驾驭物质能量的。它将来一定是引领我们整个人类的。

刘宏毅：到此，我们把《大学》这篇文章的精华部分介绍完了。（掌声）

我们今天主要谈了修身、齐家、治国、平天下。治国、平天下，都是修身的展开，在齐家、治国、平天下里，介绍了几种方法，例如"孝悌慈"、"絜矩之道"、"义利之辨"、儒家的财富观等等，希望诸位对儒家修齐治平的思想和方法有一个大概的了解。希望大家把《大学》这篇文章好好读一遍，读不懂没关系，读就好了，因为经典是人类智慧的一个投影、一个载体。

有人问毕加索说"你的画很好看，可是看不懂"。毕加索问他："你听过鸟叫吗？"他说："听过！""好听吗？""好听！""懂吗？""不懂！"

你没必要懂，不懂就不懂，能懂多少是多少。希望通过我们的对话，能够引起大家对经典的喜爱，对经典的思考。

好，谢谢诸位！（掌声）

第四章

从《大学》看人生规划
——《大学》之教

刘宏毅　刘　丰

刘宏毅：我们今天进入《大学》的第四个专题，叫作"《大学》之教"。

《大学》和后世所谓的"教育"到底有什么样的关系？在《大学》的第一讲，我们主要谈了《大学》的九个字三纲领："明明德，亲民，止于至善"；在第二讲，我们谈了内圣外王的八个步骤："格物，致知，诚意，正心，修身，齐家，治国，平天下"；第三讲谈的是入世的心法。今天，我们谈谈《大学》与现实之间的关系。扣在人生的规划与实践上，就是我们怎么样规划自己的人生。

实际上，中国教育史是最完整、最长的，有五千多年的历史。教育资源最丰富，实践最深刻，体系最完整，从内容到方法都是无与伦比的。所以，中国历代出了那么多的圣贤、人物，创造了如此灿烂的古代的文化。

很可惜，到今天我们把它全推翻了，我们现在的教育完完全全进入了一种四不像的时代，跟我们古代的传统没有一点点关系了！今天我们就要借助《大学》，重新来看一下。汉代以后，在教育理论上《大学》是最重要的一部著作，特别是宋元以后，把它当成教科书，把它当成官方科举考试的标准，对古代的教育产生了重大的影响。还有就是《大学》里边的精神，《大学》对人生的这种架构，鼓舞了很多志士仁人为之前赴后继。我们可以看到从宋元以后一直到民国时期，几乎所有的志士仁人都把实现《大学》的价值作为他们自己人生的目标和方向，包括王阳明、曾国藩，近代的蒋介石、毛泽东，全是这样的。

在《大学》里，我们可以看到，中国传统文化整个架构和传统文化的构成之两大主流，是儒和道，这是我们国学的传统。佛教是后来的，是外来的文化，在我们本土文化中，只是一个儒、一个道。

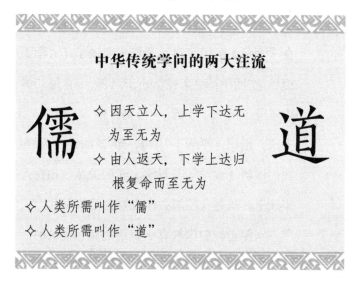

中华传统学问的两大注流

儒 道

◇因天立人，上学下达无
　为至无为
◇由人返天，下学上达归
　根复命而至无为
◇人类所需叫作"儒"
◇人类所需叫作"道"

人道是依据天道而设立的，我们叫作"依天道而设人道，依天文而有人文"，这叫上学下达，我们学了一些形而上的东西，虚无缥缈，但是它真正的目的是要比照天道而建立人道的规则，它由"无为到无不为"，由天道的无为到人间的无不为。所以，由天降到人，这样就产生出来了"儒"，这是以孔子为代表的。然后呢，我们在下面，由人再返天，把人道的责任、义务、使命都做圆满了以后，由人道再返回天道去，这就是老子的贡献，构成了"天人合一"这样一个圆满的中国文化的太极思维似的圆，"由上而下，然后由下而上，由天利人，由人返天"这样的一个圆。

现在容易出现两个问题，第一是在上面下不来，没有办法干人间的事情；还有另外一个方面呢，就是纠结在人世当中的事里边，没有办法返回生命的本源，没法返回那个道里面去，我们离道就越来越远了。恐怕现在主要的问题是我们离道、离根越来越远的问题，我们没有办法构成圆满的圆，无法构成回环。中华的传统文化的两大主流大概就是这样。

第一节 《大学》之教育

刘宏毅：作为以《大学》为首的国学教育体系来讲，大概就是按照这四个方面来展开的：

第一方面，它有一个不变的根本，就是"道"。无论老子、孔子，都谈"道"的问题；然后在道的下面是第二方面，有一个完整的自己的体系，就是"学"，你的学问体系、你的学术体系、你的思想核心，整个一个圆满的体系，你能够自圆其说，是跟道相连的体系；在这个体系之下，第三方面，才是方法和路径，这就是"术"，不同的门派和学派有不同的学术体系和方法。最后是第四方面，落实到具体的形式上，就是"技"。用孔子的话来讲就是"志于道，据于德，依于仁，游于艺"，他把整个传统教育体系，给我们丰满了。

第二节 《大学》是否精英之学，是否要作为国民教育的一部分

刘宏毅：以《大学》为代表的儒家思想也好，国学也好，在传统的教育体系里，始终没有离开两个价值的取向。哪两个教育价值的取向呢？

1. "为己"、"修己"，也就是《大学》里面说的"修身"，也就是我们说的"内圣的修养"和"内圣的功夫"。这是道德的教育，这是为社会培养君子。按照现在的话说，就是培养一个合格的公民，这是一个最基本的价值取向。所以，教育如果完成不了这个目标，不能够为社会培养合格的公民，不能够培养君子，不能够对一个人进行有效的道德理念的灌输和教育的话，我们说它就不叫"教育"，充其量叫"培训"。它跟教育没有关系，跟我们说的"教育"是不一样的。这是第一，修己。

2. "治人"，按照儒家的传统叫"从政"。"从政"不是今天讲的庸俗的政治，跟今天的权利和残酷、血腥的政治是没有关系的。所谓的从政就是实现自己治国平天下的理念，我们叫"外王之道"，这是为国家培养治才，用我们今天的话说，叫培养"管理型的人才"。我们在第一讲就讲了《大学》是"大人之学"，什么叫作"大人"？顶天立地的人，承担社会责任的人。用张载的话来讲就是"为天地立心，为生民立命，为往圣继绝学，为万世开太平"，有这样的理想，有这样的理念，要走这条路的人，这才叫作"大人"。《大学》是大人之学，是培养大人的一种教育的理念和方法。

这就出现了一个问题，也就是我们等一下要和几位老师展开来谈的问题，就是以《大学》为代表的国学也好，传统文化也好，到底是精英之学，还是

国民之学？如果是精英之学，今天的国学有必要遍地开花，有必要人人都学吗？毕竟"齐家、治国、平天下"并不是人人都想的，大概百分之八十的人都没有想过，平天下跟他有什么关系，他吃饱了喝足了，平平安安地度过一生就好了。我们说这也很好！用孔子的话说这就叫"小人"，小人是志向小，他没有那么远大的志向。我们这个社会大概最成功的做法就是消灭了精英阶层，消灭了贵族，我们使所有的人平面化，都在一种平民的状态。所以，所有的人都在一个，按照刘丰老师的话说，是在一个二维平面上展开了对财富的争逐和竞争，他没有一个立体提升的纵向的高度。

在古代，社会构成是金字塔形的，每一个社会阶层的人，他的目标是不一样的，生活标准、生活取向都是不一样的。你看《大学》里说"畜马乘不察于鸡豚"，家里有马车的人，他不会关心家里还养不养鸡，因为这跟他不是一回事。"食冰之家"，大致就是我们今天说的家里能用得起冰箱的人，"不得牛羊"，不会关心他养的牛，天天挤牛奶喝，不会关心所养的羊，弄点羊粪，种点菜，这是因为不是一个阶层。在汉代有一个宰相，他很爱吃葵菜。有一天下朝他回家，家里边正好给他做葵菜。他很高兴地说，这个葵菜挺好吃的。家里人很高兴地告诉他说这是咱们家自己种的。谁知道他变了脸了，把筷子一摔说："谁让你们种菜了？"家里人说，种菜怎么不行了？他说："你知道不知道，我拿着国家的俸禄，我不能跟菜农去争利。如果我们每个人家里都种菜，那菜农他卖给谁？他们凭什么去生活？我们拿着国家的俸禄，就不能再做那些侵占他人利益的事情。"古人分得非常清楚的。

我们今天，弄个易拉罐都想卖废品去赚钱，我们知道这个社会上还有靠捡废品生活的人，应该给人家留一条生路。所以说，如果社会每一层都知道自己生存的状态，给他人留一点生存的空间，那么这个社会就不会这么血腥地、头破血流地去竞争了。

实际上，西方社会也一样。他们的贵族也没有了，只存在于传说中而已。社会像摊大饼一样，平面越摊越大，人人都没有高尚的追求，只是像蚂蚁一样在平面上越爬越远，当然离道越来越远了。

我想，如果展开讲的话，依照刘丰老师对《大学》的认识，《大学》肯定是培养大人的，肯定不是培养小人的，小人不用读《大学》，古代的教育分得很清楚，一般读完蒙学，认识点字，然后就学一个具体的技能，你拜个师傅，学买卖、学手艺，就完了。只有要走大人之道、走科举之道、走从政之道的人，才继续求学，没有必要像今天，人人都上本科，你有必要吗？你学个蓝领，学一个基本的技能就可以了，更何况现在教育对人的大脑是一种格式化，越学越傻、越学越呆！刘丰老师，您的观点如何？

刘丰：我来回应刘宏毅老师刚才讲到的关于《大学》的想法。

我认为《大学》这本书是通天、彻地、达人的。它把这个宇宙的全貌全部展示了，而且用得很精炼。它从明明德到亲民到止于至善，完整地描述了我们内在意识能量的各个层次的境界。每个人立足在自己这个角度去看《大学》的时候，你能读懂的那部分，是我们自己认知所构建的那个层次。所以，《大学》的智慧在于，如果是一个智慧相对圆满的人，他会发现，原来自己要对这个世界承担百分之百的责任，因为一切呈现都是自己内在认知的投影。对于这样的人来讲，他在修身、齐家、治国、平天下，逐渐走向圆满；而没有达到这么高大圆满的愿的人呢，他也能在这里面得到生命的一种滋养和提升，它对每一个层面的人都有启迪。

但是，我自己觉得，世界上没有所谓的外面的"人"，都是自己内在的认知。因为自己有不同层次的认知的存在，《大学》就给我们各种认知，在各个认知层面，给了一个叫"解惑"的功能。我们被自己内心的"惑"所障住，而那个惑，在佛家把它叫"业"。从这个角度来讲，《大学》这样的经文更加入世，它能够跟现实每一个人关联；同时它又出世，它可以把我们的意识全然地超越出这个三维的障碍，即我们有限的物质生命的障碍，而让我们自己通达真正生命本真的圆满。从经文里能看到的东西，是因人而异的，就看每一个人自己对生命觉知到什么程度，他就会在这里面担当起他所扮演的那个角色，而那就是所谓的我们人生的应用题，它帮助我们读懂我们生命的应用题，同时帮助我们了解这个正解的方向在哪儿。

第一句话就说"大学之道，在明明德"，为什么这个话题跟人生规划相关？我们的人生，从生到死，这个人再圆满，不过就是圆满地跟宇宙合一，"明明德"。它把境界已经说了，然后再说到"亲民、止于至善"，说到"修身、齐家、治国、平天下"各个次第，它把我们圆满的过程描述清楚了，它为我们的人生规划，指出了一个内在成长的明确方向。

我在用科学的逻辑解读人生意义的时候，把它解读成"人生的意义在于提升意识能量的自由度"。其实本质上既是"明明德"，又呈现出"亲民"，就是内外合一，同时给出了我们当下的"止于至善"，那至善是在最圆满之处，只是我们可以分解、解读成我们现实的当下所面对的事物。

很多朋友在修炼过程之中把一个追求的目标放到了彼岸，他没有通透地了解到，最终，所有彼岸的呈现全是内在的；而所有彼岸呈现的像，全都没有终极意义，没有本质意义。比如，当我们能到达更高维度或者说更高境界时候，我们对未来就有预感，能从时空上看到未来，可以从内在找到对未来的一些答案。它对帮助我们出离三维的这种执着有意义，但是它还容易让我们着迷于这种功能，这种所谓先知先觉的功能。

当然，我说这个话，可能有些朋友不一定能够马上理解，但是，任何中间的像，任何中间的层次，它既可以帮我们破除当下的境界，同时又可能让我们着迷于那个境界，这就是所谓的迷信。说我们迷信不是说我们以为的是没有道理的，它一定有道理，但是它停止在某一个层次上，不往前走了，好像站在某一个山头上不去下不来了，这其实就是迷信。我们有的时候说某些东西是迷信，它说的不一定不对，它说的对。那个大师站在那个山头上，上不去，因为都到山头了怎么再往上走？他又没翅膀。

而我们东方智慧的精髓告诉我们，它的根源于那个具足圆满的本真，源于我们用科学说的那个 N 维宇宙空间（N 趋于无穷大）的宇宙智慧。但是很多人一听这个描述以为它是在我们遥远的外在，其实 N 趋于无穷大和 N 等于 0 一模一样，因为 N 等于 0 也具足宇宙中所有信息和它们的相互关系，质点就是 N 等于 0，一个点和 N 趋于无穷大几乎没有区别，区别在于从零维到 N 维中间的这些东西有区别，这是因我们的念而生，因我们的念幻化无穷而生，这些东西没有本质意义。所以，其大无外，其小无内，这种圆满的自性宇宙，才是我们所谓大学之道给我们的本质的东西。

刘宏毅：您（刘丰）刚才向第四维看了一眼。（笑）我们说，立志的时候，培养志向的时候，还是应该高远，有大就有小，大小实际上是相比较而言的，究竟什么叫大呢？什么叫小呢？其大无外，其小无内。好，我们下次讲一回"小人之道"。（笑）

余秋雨讲过一回"论小人"，我记着他那书说了一段，他很赞赏"小人"的。他说，这个世界凡是能成事的基本上都是小人，为什么呢？小人脸皮厚，小人不要脸，小人不怕撞南墙，小人不怕挫折，小人不怕困难，小人有一股子韧劲，达不成事不罢休，这就不是君子仁人所能达到的。当然了，他那是另一种观点。

我们说《大学》是曾子所作的，我们从历史上看曾子，他继承孔子的志向，做了一辈子教育。孔门里边弟子三千，杰出的有 72 个，在 72 人里面各种各样的人都有，其中就有刚才刘老师说的"小人"。比如说樊迟是"小人"。有一天，樊迟请教孔子怎么种地，孔子很不高兴地说，我不会种地，你去问老农。过几天，他又来了，问孔子怎么种菜，孔子说，我不会种菜，你去问菜农。樊迟走了，孔子说，"樊迟者小人也"。樊迟啊樊迟，你的志向也太小了吧！你要学一个具体的技能，我这儿是青年政治学院，我是培养从政人才的，我不是培养专业技能人才的，要学专业技能你可以去拜师傅，不用到我这儿来学。

曾子的目标也一样，他培养两种人，第一种是从政的人才，第二种是有仁德的人，就是所谓的君子。当然了，从政的人才一定要在是君子的基础上才能实现，所谓先内圣再外王。"君子"这一词在《论语》里面出现了八十多处，每处的定义都是不一样的。你看孔子一生的目标，教育他的学生们都要成为君子。《论语》第一段就有"君子"，"人不知而不愠，不亦君子乎"。最后一段以"君子"结尾，"不知命无以为君子也"，《论语》煞尾了，一头是君子，一尾是君子。

我们也可以说，中国古代的教育、孔子的教育，首先是培养人的教育，培养什么人？培养一个"君子"人。曾子的教育目标也一样，按照内圣外王展开的。比如说这一段，什么样的人叫君子："可以托六尺之孤，可以寄百里之命，临大节而不可夺也，君子人也。"这人是君子吗？是君子"可以托六尺之孤"，皇帝还小，老皇帝死前，把小皇帝托付给大臣，将来理政于国家，你看看有赵氏孤儿的故事。"寄百里之命"，古人当个一世英雄容易，但是要完成朋友的遗命，比如朋友把妻子儿女托付给你，你要照顾人家一辈子，这不是一般人能做到的。今天的人可以吗？你把妻子托给他，你还没死他就惦记上了！"临大节而不可夺"，在大节正义面前，他就是死，也不会变节的。我们知道像文天祥、史可法，像中国历史上的许多名人，都能做到"临大节不可夺"，这样才是孔门弟子，儒学里面所说的君子！再举《论语》里的话："士不可以不弘毅，任重而道远。仁以为己任，不亦重乎？死而后已，不亦远乎？"你看，曾子一生继承自己老师的愿望，完成了自己的使命。曾子著《大学》，也是按照两方面来的。

我们刚才讲，是不是人人都应该读《大学》？如果不是人人都应该读《大学》的话，《大学》里为什么有一句话"自天子以至于庶人，壹是皆以修身为本"。修身是每人都需要的，平天下不一定每个人都有机会，但是做一个君子，做一个合格的人，这是没有条件的，是每个人都应该做到的。

在《大学》里面讲从政型的人才，德是第一位的，特别是作为一个国家的人才来讲，你可以没有才能，但是你不可以没有品德，人没有品德是不可以的。这里引《尚书》的原话："如有一介臣，断断猗，无他技，其心休休焉，其如有容。人之有技，若己有之。人之彦圣，其心好之，不啻若自其口出。是能容之，以保我子孙黎民，亦职有利哉。"他说，如果有这么一个贤臣，"断断兮，猗无他技"，他没有什么其他的可以让你赞扬的技能，他只有什么呢，只有"其心休休焉，其如有容"，他只是能够宽容，能够包容，能够爱护他的部属，爱护他的百姓。"人之有技，若己有之"，别人有一技之长，就好像自己有一技之长一样，然后去帮助别人，去成全别人。"人之彦圣，其心好之"，别人有一点做出了成绩，自己从内心里发出欢喜，真心地去祝贺人家。"不啻若自其口出"，就好像自己有一样。如果真能做到的话，他就能保我的子孙黎民，能够保我的国家和社稷，这不是也很好吗？我们为什么一定要希望在上位的人有多么高的才能呢？他有很高的品德不是也很好吗？这就是《大学》里面为什么讲先要内圣，然后再外王，为什么在才与德的关系上把德放在第一位。

第三节　在物质文明趋同的社会，
如何保持传统文化的活力

刘宏毅：我们知道，文明是趋同的，文明一定会走入一个相同的状况。你看今天就是这样，这个世界实际上没有什么好旅游的，没有什么好看的了，世界都一样你看什么？到哪个城市全是钢筋水泥、高楼大厦，你看什么劲？特别是在中国，以前还有小桥流水人家，现在都拆没了，全是高楼大厦，什么都没有了！文明一定是趋同的，但是文化一定是存异的，文化一定要保存不同类型的，这才有意义。在当今这个文明越来越趋同的社会，如何保持我们传统文化的活力和生命力，特别是在当下，不知道刘丰老师有什么样的看法？

刘丰：文明趋同。刚才刘宏毅老师讲到最后，人类发展的方向最终是一致的，我们内在智慧的最高境界是全然合一的，所以文明一定是趋同。不同的维度，它是从低级走向高级，这种趋同实际本身到了最小的空间层次，它是无处不在，无时不有的，实际上它本质是同；而不同呢，是因不同的认知而创生出来的，文化就是在这中间层次的逻辑体系。

我们为什么强调"求同尊异"？在这个世界里，能够"求同"，才真正符合整个意识的大趋势，而"尊异"也就是每一个存在有它的时空合理性，每一个当下的"异"，不是让我们纠结的，而是让我们觉察自己内在还不能圆融。当我们发现自己还不能圆融的时候，把那个分别的认知颠覆以后，看什么自然就会很顺眼了，就可以尊重一切存在的时空合理性了。

在今天物质文明趋同的社会，我们如果要保持传统文化的活力，这个问题应该从它的"根"去考虑，也就是从生命根本的意义去考虑，从宇宙存在的本质去考虑。它实际是因为我们起分别而呈现的。当我们起一个分别的时候，就会呈现一个能量波，这个能量波一旦呈现，它就从混沌状态开始有了阴阳的分别，两个能量波叠加起来就会呈现成像的可能。也就是说，物质世界的一切，是因我们意识能量产生纠结而投影成的像，构成我们的物质世界，而物质世界的丰盛也是因为这个成像能量的叠加，从八卦到六十四卦，继续叠加出万事万物的种种能量呈现。

什么样的情况下能够趋同呢？就是简化，就是把我们的分别简化。东方智慧的精髓，其本质是让我们趋同的，是让我们从现在这种复杂的认知状态回归到那个至简的状态，而中华文化是从至简的状态说起的，也就是它讲"天人合一"。这和现在的主流认知，特别是建构在这个三维物质世界的认知，有着巨大的区别：我们东方智慧，不否认一切存在的意义，但是，我们是从上往下看到这些存在的原因的；而西方呢，它也不否认，它也尊重，但它的特点是从下往上看，基于三维世界这个认知形成的像，来作用或者思考，或者演绎这个世界的。东方智慧可以让我们沿着这条路，越走越简单。现代思维逻辑、现代科学逻辑会让我们越来越复杂。

前天我在火车上，看到雾霾，我突然有一个渐悟。我说"雾霾"这两个字，一个是物质的"物"，一个是埋葬的"埋"。PM2.5是物质，我们被这个物质埋起来了，而且是活埋了。但是我们思考PM2.5，它怎么会呈现出这样的物质形态呢？其实，根据我们老祖宗的能量平衡理论，在现实中的序化能量，有形有像的序化能量，和无序能量是完全对等的。序化能量越丰盛，那无序能量就越复杂，就越多。就像社会上有建筑业，所以我们会呈现建筑垃圾；我们生产电子产品，就有电子垃圾产生，没有电子产品，电子垃圾是不存在的，它是对等的；当我们的技术发展到微观世界，产生纳米技术，我们把极微观的能量关系都序化了，就会出现极微观的无序能量的呈现，其实 PM2.5 就是极微观的无序能量的呈现。当然，这个结论不是用现代实验科学理论与逻辑来谈的，但从能量关系上来说它是合理的。

大家知道，当我们在不断地创造着三维空间有序能量的时候，同时也创造了三维世界的无序能量。这种分别会让我们产生纠结，因为我们不舒服。我们在雾霾天气里面感觉不舒服，产生恐惧，我们觉得生命受到威胁了，这种不舒服来源于哪儿呢？来源于我们对物质世界的认知和依赖，是因为我们内心产生了巨大的分别。

我们知道，人们在不同维度上的执着，会把自身牢牢困在那个维度的状态里面。比如说一维空间，我们用一生都不可能把一维空间的所有信息全部抓到，因为它从负无穷到正无穷，但如果我们的认知只有一维状态的话，那我们就把自己持续地困在一维状态里面了，这条线外面一点我们就永远无法企及；二维是面，用一生也不可能把一个面上的所有信息全部驾驭，但是它可以消耗掉我们一生，可以在二维制造无穷无尽所谓的繁荣，当我们执着在二维的繁荣世界的时候，面上方一点我们就永远无法企及，所以我们的生命、意识的自由度，就被这二维局限了；同样，在三维空间，现在人类正在做着这样的事情，我们无穷无尽地创造着所谓三维世界的文明，这种文明让越来越多的三维能量序化，序化的结果是和无序之间产生巨大的分别，这就是我们的分别意识叠加，反复叠加造成这种现象，它会让我们执着在这种文明状态里面，这个文明往下走的结果是什么？很简单，大部分人将成为机器人的奴隶或宠物！

人们创造的云计算云端信息，大量的信息在这个状态之上，现在年轻人的学习，像我儿子的学习，已经变得很简单，他根本不想学什么东西，他只要会搜索就够了，他的知识来源于搜索就可以了。往后的机器人，它的搜索功能、它的速度会比我们一般人要快得多，有效得多，而人类又把它的肢能和体能设计得远远超过我们人类，那人类怎么可能跟任何机器人抗衡？没有一个单独的人可以跟机器人抗衡。我指的是自由度不提升的人，执迷在三维的人，也就执迷地成为物质世界的奴隶。其实现在我们很多人已经是了，只是不自觉。但是这个世界会越来越强悍地演绎出，人类最后有形的身体都会变成机器人的奴隶和宠物。这是不断在提醒我们，现在很多人已经被现实给套牢了，被这个物质世界我们所创造的繁荣套牢了！

只有修行，所谓修行就是提升自由度，去突破这个三维认知，才能使人类超越三维的执着。

突破现有三维认知的工作西方人也在做，现代量子物理理论讲这些事情，但是这个方法太慢了。因为西方人建构在三维认知系统里边而产生的理论体系，相当于溶洞里的石笋，从下往上长，它对底盘要求太大了，任何一点突破都要求三维以更大的物质基础作为承载。东方智慧不一样，它是来自 N 维（N 趋于无穷大），它是从最高境界往回，从天人合一往下走。我们东方智慧，传统文化的活力是在这个地方，它是可以持续启迪我们的智慧的。这样，在任何一个"山头上"，它都可以超越，不会执着在任何一个有限的"山头上"，不会执着在任何一个彼岸的幻境之中，这是东方智慧的活力所在。

但是，我们在讲传统文化的时候，如果我们从中间某一个状态切入，切入点可能恰好就是我们的障碍点。为什么呢？因为我们切入的时候，以为是在呈现的文明的根本，它是以某种形式呈现，它是以某种文字系统呈现，但是我们没有想到其实东方智慧的根本是超过任何形式、任何文字系统的。当你从上往下看的时候，所有的文字、所有的仪式、所有的存在，都有意义。当你从中间一个层次看的时候，你就不知道这个层次之上的意义是什么了。

所以，我们在文明的推广过程中，如果只推广形式的话，它跟世界的博弈变得非常简单，就是文化侵略。当你以一个文化的形式去推这件事情的时候，是因为你没从它究竟的最高境界去定位。当你从最高境界定位的时候，人类都有这样的诉求，他能听懂，因为你从上讲到下的时候，中间所有层次的人全都会遇到你。遇到你的时候，你都是从上边下来的。

在人类共同的趋同意识之中，东方智慧的优势在于它的自上而下，不在于它在中间创造了多少丰盛的可操作的内容，因为这种丰盛和可操作，与拥有现代科学技术的西方人、整个世界认知的丰盛和可操作不好比较。今天，人类太执着于有形有像的科学技术创造的繁荣，而且他把人脑子全洗到这个逻辑体系里来了，用另外一个逻辑体系强悍地让别人去理解它的逻辑，他认为这是一个文化侵略，很容易屏蔽，他听不懂你就是迷信。但反过来，如果我们从最高境界、从最高层次看的时候，我们能看到所有逻辑体系的关系，很容易去借用今日世界上最普世的、最简单的、让大多数人都认知的一套逻辑体系去说话。但是，我们的精髓是东方文化的本质。

所以我们在讲文化的时候，一定把它的本质给说透了，或者去描述来自于哪个境界。虽然描述出来的语句，不同的人听到的东西不同，但是描述人自己在哪儿、在哪个境界非常重要，听的人在哪儿也非常重要。

我们想传达的是中华文化的传统，即根文化，这个根是 N 维宇宙空间（N 趋于无穷大），这是佛，是道，也是神。这就是我的回答，传统文化的活力是以境界取胜的。

刘宏毅：您认为教育的本质是什么？

刘丰：用简单的话来描述的话，我认为它叫"唤醒"，是唤醒本自具足的智慧。我们讲宇宙全息，任何一个质点具足宇宙中的所有智慧。所以，我们每个人本自具足。我们眼里面确实看到有低有高等不同，有榆木疙瘩、有开悟的人。因为我们有榆木疙瘩的基因，所以我们才能看到榆木疙瘩。如果我们自己没有榆木疙瘩基因，也就看不到榆木疙瘩。我们自己内在充满智慧的时候，你会看到每个人身上的智慧；当我们智慧有障碍的时候，我们就会呈现不同的智慧障碍，不同层次的人呈现在我们的世界里面，其实那个人不是别人，是自己投影出来的。

我们能不能让这些所谓的"投影"出来的人也有智慧？那是考察和挑战我们智慧的圆满度的。智慧的圆满度不够的话，当然看到这个世界上充满了丑恶，充满了纠结，充满了恐惧；当自己内在智慧圆满的时候，看这个世界是和谐美好的。

我在回中国讲课之前，我美国的朋友就说："你小子发懵呢？中国人只认钱，谁爱听你说这些？"但我相信那都是我们自己"投影"的像，我相信自身本自具足，我也相信众生本自具足，我相信每个人都可以被唤醒。大家注意这个认知指令，是我要造这样的像。我讲第一课时就有大量的朋友说："刘老师，我们愿意跟你一块儿做义工！"不过这是一个实践，实践我的认知与现实的对应关系，我可以不夸张地说，这几年我周围根本看不见贪婪的人，那样的人会躲着我走，因为我不给人带来钱，也不给人带来利益。但是我身边全是快乐的、追求内在成长的人。所以说，我们内在有什么，就会"投影"出什么来。

我认为教育是一个唤醒，而唤醒的本质不是被别人唤醒，而是自我唤醒。因为本自具足，所以我做的事情、我讲的课并不是在钻牛角尖，我是在给自己讲，因为我要让自己不断地去理解这些东西。为什么我每次讲之前说，讲的人是最大的受益者，是因为这个场合给了我一个机会，让我看到这么多投影出来的像。

我放空的时候，能够感觉到，每一个"投影"、每一个像反馈到我这儿的能量共振的状态。这个时候，我要让自己在一个全然自在的状态下去感受它，这个过程对我来讲就是个不断超越自己、认知障碍的过程。我从小到大最乐于被挑战，我过不去的问题一定是被我自己卡住了，而不是被别人挑战的，因为别人挑战的那个问题，我自己觉得有障碍的东西一定是我心里过不去。因为我相信宇宙在一个质点都具足宇宙中的所有智慧，所以宇宙中没有任何一个逻辑不可以颠覆，也没有任何两件事情不可以用一个逻辑连接起来。

刘宏毅：那为什么有很多人无法实现自我唤醒呢？

刘丰：不是说"有些人无法实现自我唤醒"，而是"我认为有些人无法实现自我唤醒"。（鼓掌）如果我觉得本自具足的时候，绝对不会妄自菲薄，我不会否定我自己的任何行为或任何认知，我只会去关照"那些认知障碍了我什么"。我相信众生本自具足的时候，也不会妄自尊大。这样，我们就会尊重每一个投影的生命，因为他本自具足，他的这种本自具足是否可以被唤醒，挑战的是我的智慧。所以，《零极限》里说，"要对自己面对的一切承担百分之百的责任"。

有些人说："我一定要到那个状态吗？我一定要那样做吗？"不一定。但是我告诉自己，做这件事的时候充满了快乐和喜悦，让每一个当下在这种快乐和喜悦的生命状态之下，它达成什么现实结果一点都不重要！

大家知道吗，当你突然跟自己的内在智慧连接的那一瞬间，你会产生一种喜悦，我们将这种喜悦叫"法喜"。如果你能够让生命中的每一个场景、每一个人都带着一个启迪智慧的机缘到来，而你打开那个智慧的那个瞬间、那个当下，你喜悦！

刘宏毅：那您认为自我唤醒的条件是什么？

刘丰：自我唤醒，条件因人而异。首先，要觉察，要认知到，这个世界的一切都是自己投影出来的，这是通过我以为的科学逻辑，让我明白的一件事情，然后再从不同的人类智慧之间去印证以后发现，这句话符合很多人类智慧的共同描述。所以，觉察和反求诸己，这就是一个基本条件。

然后，我又把一个生命主体描述成一个现实中所谓的精密的生物电脑。这是活性电脑。大家知道，电脑里面的软件特别重要，我植入什么样的软件，电脑就会怎么运作，所以我们的认知特别重要。要达到自我唤醒的第二个条件就是：能不能去颠覆自己给自己界定的那些有限认知。

但是这里面还有第三个条件，这些实践，用科学的话说都是高维实践，它不是一个在三维空间里边的认知所能驾驭的，也就是我们三维的知识层面驾驭的是相层面的东西，就像我们的投影，我在这个屏幕上任意地去修改，没有意义，它超越不了我的认知，因为我的认知是在"投影源"里面的。所以我能不能进入"投影源"，这就是创造的高维实验条件。当我能够进入"投影源"去转化"投影源"，在里面做修改的时候，这个像就变了。这叫相由心生，万法由心，这也是一个条件。

所以，我们能够进入"投影源"这件事本身就是一次唤醒。也就是从三维的知障中进入了更高一维度，进入"投影源"。在"投影源"里我们发现的不是智慧的本质，而是智慧的中间态，或者另外一个中间障碍。就是说，我上了一楼的台阶，眼前挡着的是二层的台阶，当我们看到这个台阶的时候，我们以为它是障碍，其实它是让我们进入第三层的一个机会。因此，自我唤醒的最终条件就是我们不断地去开启我们的内在。

这只是一种描述，这种开启的过程带来的是当下的喜悦、自在、快乐，这个有意义！由此，你就可以获得具足圆满的快乐，不管扮演的是什么，咱们借用佛家一句话——"累世"，其实我们扮演过我们意识能想到的所有角色，绝对当过国王，当过乞丐，当你真正知道是这么回事的时候，根本不可能因为你的身份而妄自菲薄，也不可能因为你的身份而妄自尊大，因为那不过是你认知"投影"出来的。佛教用所谓的轮回、所谓的前世给你一个描述。佛家为什么用这个来描述？是因为我们太执着于三维时间是常量这个认知了，所以要用时间轴把这件事给你拉开，告诉你有那么多的前世。其实，从四维投影出来的无数的三维空间，所有信息的关系在"投影源"里边，"投影源"里的关系与现实中的关系叫"缘"，是缘分的缘，因此佛家说一切事物叫"缘起"，如果我们不能从缘上去解决问题，不能从缘上去开启自己的话，我们实际上是被障碍在有形的像上了。这个缘的本源在哪儿？在 N 维（N 趋于无穷大）。

刘宏毅：对不起，我插一句话，好像在佛法里面管自我唤醒的人叫"缘觉"，因某种缘而自我唤醒；被他人唤醒的人叫"声闻"，如闻佛说法而被唤醒的声闻众；与众生产生共振的叫"菩萨"，在共振中共同持续唤醒。我记得您说过一句话，叫持续唤醒，是吧？唤醒一次是不够的。

刘丰：有一句话说得很简单，叫修无止境。因为 N 维（N 趋于无穷大）

是个趋势，不是某一个点，不是某一个层面，它本身是一个趋势。正因为它是趋势，所以这个描述本身无漏，就是没有东西在此描述之外，所以它得把宇宙空间的一切表达在这个描述里面。

刘宏毅：被唤醒之后，是一个什么样的状态呢？

刘丰：没有之后，只有当下，因为当下很自在。当下真的自在、喜悦、快乐，你能持续在那个状态里边，就是所谓即心即佛，就是所谓"一念天堂，一念地狱"。因为"刚才、一会儿、过去、未来"全是三维认知，在这个认知系统里边，永远连四维都达不到，更别说 N 维了，只有当下可以通达 N 维。那个当下全然自在，跟自己当下认知的那种喜悦自在全然合一。

刘宏毅：孔子认为，教育应该是培养人的，而且是培养"全人"，就是一个全面的人。孔子曾对子夏说，"女为君子儒，无为小人儒"。小人儒是专攻一项技能的人。孔子去世之后，子夏讲学于河西，他是专门以文字见长的，据说孔子易学这一套是由子夏传下来的。可能孔子不大待见他只搞文字、易学、训诂这一套，认为他应该做一个全面的"礼乐射御书数"六艺贯通的君子儒，要能够上马提枪杀贼，下马提笔立说，做生意还能赚钱，这种君子儒其实挺不容易的。好在今天提出了一个全人教育、全智教育、全才教育的理念。

刘丰：此全非彼全啊！我觉得孔老先生提的"全人"，指的是"全息的人"。所谓全息的人就是：具足一切信息和相互关系，也就是具足宇宙一切智慧，他是圆满的，因此他可以呈现任何的相。至于任何的技能，那不过都是我们意识中存在的各种信息，他可以任意投射出、渲染出一种呈现。他有具足圆满的自由度，他的自由度足够，所以他当下可以呈现出任何的相，我理解的所谓"全人"是这样。

当然了，很多人理解儒学的时候，是以儒学有形来判别的，但他不知道儒学背后实际是"借假修真"的，是以一个有形来喻示那个无形，是让你悟出那个无形，它用了一个非常严谨的系统来建构了一个有形，可它不是让人执着在这个有形上。但是很多人在不知道的时候，会执着在有形上。所以说，我们就认为"全人"是说这个人技能全、功能全、角色全等等，这些都是有形的相。他这个"全"代表什么？是他的内在智慧全，用佛家说是"空性"，空性不是没有，而是无所不在，无处不有，它是道，它可以呈现一切存在，它是这么一个"全"。

刘宏毅：庄子笔下的"全人"大概都是些残废，有罗锅的，有一只腿的，有背上长个大瘤子的，他认为那个是"全人"。我们以为是全须全尾儿的人是全人，他倒不认为是全人。您心目中的"全人"是什么样的人？

刘丰：全人就是跟这个宇宙合一的人，不执着于有形的、中间的、才学功能上的人。因为我们在现实中看到，在三维空间，人有不同的能力，可是到了第四维后，这种能力被我们称为功能。一个四维的人出现在这儿的时候，我们都觉得这人不得了了！

但是，三比无穷大等于零，四比无穷大也等于零，到了第四维，里边有无穷多的三维，它比我们已经显示出超能力了，但是它跟 N 维（N 趋于无穷大）这个圆满的宇宙能量相比，也是零。所以，所有的功能在这个宇宙系统里就是四个字：雕虫小技。

因此，这个东西当然要散掉，你不可能带着有限的三维、四维认知或者任何有限维度的认知去跟宇宙合一，这是不可能的。我们看《道德经》里说生死的时候，它就说"出生，入死"。"出生"是从高维投影进来的，"入死"是回到高维投影源，所以说"视死如归"、"回家"、"往生"，它指的是这个。所以说，回归到我们来的那个能量层次里边，这就是"全"了。

刘宏毅：《自然农法》里面有一条，当我们秋天收获的时候，只拿走需要的那一部分。比如说，我种麦子，我只拿走麦穗，把麦秆等等通通还给田地；我收玉米，我只拿玉米粒，剩下的部分通通还给大地。这样，地的能量才不会流失，这块地才能够养得很肥沃。我们今天，好家伙，种子让你吃了，秆也让你烧火了，土地过两年就没有肥力了，因为我们没有把能量还回去。还有一条，就是我写的第三条，是否要保留一部分传统文化的精华？在这个时代，很多好东西都被糟践了。例如，瑜伽，现在变成这个样子；辟谷，给搞成这个样子；养生，不养还活得长久一点；国学，连跳大神的都说自己是国学！还有什么精华我们现在敢拿出来？因此我的观点是，宁可失传一部分，也不能眼看着这样的败家子来糟践它！反正我这辈子学的一部分东西，宁可让它失传。（笑）不知道刘丰老师是什么意见。

刘丰：当我们按时间轴去看这个世间的事情时，它有一个延续性，我们会很在乎它的传承性。但是当我们把时间看成变量，纵向去看它的时候，这个时间性就被打破了，它完全可以从高维每个当下"投影"到这个世间来。从一个文化的描述方式上，我们以为可以失传，我认为其实它失传不了，一定有人能接得上。因为那个东西的精髓在，它可以"投影"出带着它精髓的各种各样的相，这些相的意义在于它们所带的智慧高度。

我见过很多人，以前从来没有学过这些东西，结果突然有一天，他就悟出了一些我们无法想象的东西。我见过一个老师，他带着学生，用一种所谓引导的方式，让你放空自己以后，张嘴就说，他逼着你说，你自己也不停了，哇哇哇说。然后就发现，你内在信息非常充分，当没有一些认知来阻断你的时候，这些信息可以源源不断地流出来。然后，他又说了一句话，"下一遍你听我给你起个头：道可道，非常道"，说完以后，学生就开始说，说《道德经》，他说的那个文字跟《道德经》不一样，但仔细想内涵全一样。后来他说，"色不异空，空不异色，说！"学生又继续开始说。

为什么我们说"为往圣继绝学"？其实这个"继"是下载，是把往圣呈现相的内容时的能量状态，在新的时空、在当下呈现出来。它有高度的时候，它进入那个境界的时候，它内在具足圆满，任何一种表达形式都可以呈现。我们人类不同的宗教，以一种逻辑体系，让这个有形的人和有形的文字传承下来了。

但实际上，我可以跟大家说，这个世界，每天都有人下载完整的系统，描述宇宙智慧的系统，问题是没法传承。为什么呢？因为在单一系统里面，在我们没有把所有系统去关联考虑的时候，单一系统本身，会形成我们对宇宙整体认知的屏障。宇宙描述智慧的系统有无穷多个，但是我们人类执着在有形系统里边了，实际那些无形系统的内在关联超越一切系统的本质。所以我们要说"根"。

我觉得，失传是因人而异的。比如，刘宏毅老师在国学系统里边深刻地领悟到了真正的精华的东西。为什么宁可失传？是因为有人借这个有形系统，而歪曲这个有形系统，所以这个有形系统的存在可能反而会成为别人的障碍，这个时候就是失传了。大家注意，这叫迷信。当我们对传统文化的一个有形系统部分，不能深刻地理解其中之道，而只执着在它的术上的时候，这种术的失传不稀罕，没有关系，因为那都是雕虫小技。如果这个系统是通"道"的，它就不会失传。形式不重要，它会以一个新的形式呈现，这就是我们对"道"的信心，对这个宇宙真"道"的信心。因为大道会时时刻刻、在每一个当下、应时应运地呈现在我们生命、生活、世间的环境和自然的各个点。所以，我觉得，有些好东西的传承，如果是被歪曲的，被人的贪欲和功利心使用了，被用作包装了，这种东西失传没有问题！

第四节　关于教育与生命

刘宏毅：刚才刘丰老师说，古人一辈子要见的事，我们现在大概一个月就搞定了，我们的人生浓缩了。换句话说，古人一辈子碰见的坏人，我们现在一个月都见完了，所以见的坏人多，受的骗多，这也是可以理解的，时空浓缩了。（笑）

按照老子的说法，真正的中国文化的精华、好的东西，"上士闻道，勤而行之"，他会起身去做；"中士闻道，若存若亡"他一会儿信、一会儿不信，就像我们一样，我们都是"若存若亡"；"下士闻道，大笑之，不笑不足以为道"，大概失传就是对这种人说的，好的东西，他给你糟践了。

下面就是最后一个关于教育方面的问题。孔子认为，中国所谓的教育，应该关乎生命的质量和生命的全部，应该是生命的教育。孔子讲人生：三十而立，四十而不惑，五十知天命，六十耳顺，七十而从心所欲，不逾矩。整个人生的教育，应该是生命全过程的教育，最后应该提升你自己生命的境界。人死的时候应该是很满意的，觉得自己提升了，用稻盛和夫的话说，我走的时候灵魂比来的时候干净了一点。我们现在死的时候是悔恨，咬牙切齿。因为人生太多的惆怅，太多没有实现的东西。关于教育与生命，在儒家这方面它是怎么反映出来的呢？我想听听刘丰老师的想法。

刘丰：在我的意识中，我没把它们分开，因为我总是想找它们相同的东西。我想来想去，这么多年来我发现它们说的都是一回事，只是用了不同的语境。在不同语境里，你说世界上英文和中文谁更有理？谁更该侧重？还是其他的文字？其实它们都是平等的，在我这儿确实是比较平等，而且我能在佛学里看到儒学，在儒学里看到佛学，在道学里看到基督，它们是贯通的。当我们全都能够看到它们原来是归同的时候，所有东西都变成一个助缘，助缘是在每个当下呈现的，也许在这个当下，这个智慧就给了我一个启迪，就让我突然觉得，这个时候它让我超越了自己的一个认知障碍；在另外一个时候可能它跳出来的是另外一个体系的东西，但是它确实符合我那个当下的状态。

我跟另一位老师做一个《五行识人》的工作坊，在大家的眼里，我们讲五行。我们通过五行，能找到五行能量匹配，在这个工作坊里会讲谁跟谁哪个行相克、相生。我突然就想到，其实我们每个人生命中那个真正让我们提升的题目，是相克的那个行。之所以相克，是因为你"投影"出的那个能量最低的状态，是正好跟你相克的那部分，是自己内在最缺失的东西，因此那才是真正提升的关键。

刘宏毅：这句话很关键，请您给我们再重复一遍！

刘丰：就是在现实中，我们不管是看风水、看人、看人的关系，我们总是要找顺的地方走，就是想相顺。但实际上，我们真正的内在的圆满，是跟我们"克"的那部分有关。因为克的那部分才是我们真正的缺陷，它帮助我们发现，我们生命中最关键的题目是什么。我把那个题目解了以后，我的五行就圆满了，五行圆满，我就提升，这是从能量关系上来讲的。

因此，真正修炼的人，他修到最后是五行圆满的，他不管相生相克，他所呈现的是一种协调的、平衡的五行能量，他不以一种特别的特质来呈现。他如果有一个特别明显的特质，一定有一个跟它相反的特质存在，那个相反特质就是一个分别，这个分别一定是他人生的最重要的题目。

所以，我们在这个工作坊里边，会让大家先找到相顺的五行，因为你会先选点容易的题目。然后，你要知道，你迟早要去面对那个相克的题目，只是你在哪儿遇到而已。你如果能在你的生命、你的家庭里面就开始面对它，那你真的是很有勇气。如果你说，"我在家里先找顺的"，但是实际上一个真正和美的家庭一定是五行圆满的，它就变成五行互补，然后每个人在这个过程中磨合，磨合到每一个个体圆满。这也就是我们组织家庭从小爱到大爱的一个过程，真正学会无条件的感恩、接受、原谅和包容。

刘宏毅：您说的这段话很关键！也是传统文化最精华的一部分，就是五行相生叫顺行，顺行是离开你那个根越来越远，按照 DNA 这么走的；五行相克是逆行，逆行是往回归，回归你的根。因此，《黄帝内经》讲的是养生，用的是五行相生；《黄帝外经》讲的是修仙，用的是五行相克。一定是"克"才能把身上的杂质克掉，才能把你不成材的东西克掉，所以克是修炼最主要的法门。修炼不重顺境，一定需要逆境，没有逆境你修个什么？天天夸你，表彰你，你还修个什么？只有放在逆境才修呢！所以逆就是克。

刘丰：对，烦恼即菩提，烦恼是得智慧的因嘛。

刘宏毅：看看大家还有什么问题，有什么见解可以提出来，我们一起讨论一下，或者质疑、不同意我们的观点都没关系！

问1：您好，刘丰老师，这是第一次听您讲课，感觉到有吸引力，特别喜欢。有个问题想问您，就是您说的这个投影源，我可以理解成刚才您讲的那个阿赖耶识吗？如果它是阿赖耶识的话，我想请您给我开示一下，从科学的角度，发生了什么让这个投影源消失呢？从科学的角度怎么去理解？谢谢！

刘丰：是的。我们刚才说的，在现实里边，我们所看到的一切，都是我们内在认知的"投影"，也就是我们的内在高维空间。所谓阿赖耶识，是我们在三维以上的所有空间里面执着的那些认知。那些认知都会在不同的场景，以不同的形式"投影"出来。当我们看到我们周围的一切的时候，其实都是我们的阿赖耶识里边的认知"投影"出来的像。我们在现实中，每时每刻去觉察这些像，它告诉我们，我们自己带着一种什么认知，这叫反求诸己。就是我们遇到任何问题的时候，只问我们自己一个问题，这件事它告诉了我什么？是什么认知让我面对这个场景、这件事？我比喻一下，如果这个认知是一个正弦能量，我要用一个指令，反过去的指令，就是反正弦的能量，把它灭度，因为一个正弦能量，遇到反的能量波，它就被抵消了，这叫消业，这是一个入世的心法。

我们在现实之中，很多人只对我们自己感受到的那些事物产生觉察，在现实中，我们最重要的那些认知障碍呈现的是我们的脾气和毛病，因为我们的脾气和毛病，是我们内在最强悍的认知，因此入世修行第一件事，是改脾气去毛病，因为它是最强悍的认知，你要颠覆它，这不是一件很容易的事，很多人到这种时候会绕开，他心里说"我就是这样的人，我的原则就是这样"。但是到一定程度的人呢，他没有脾气没有毛病，他这个人比较圆满，这个时候就要觉察周围事物了。

在这一点上，我把刘宏毅老师刚才讲的那个，在入世层面的觉知，继续延伸一步，也就是，在我们现实到一定程度的时候，我们知道，发生在周围让我看到的事情，没有一件事跟自己是无关的。比如我在高速公路上开车的时候，如果对面车道发生追尾，那个有觉察的人会问自己，为什么让我遇到这件事，为什么让我遇到，他一定跟我的一个认知相关，让我注意驾车距离，那这时候我就会调整。如果我不调整，这件事会以一个更强的当量发生在我的生命之中，也就是可能会在我这条车道上出现追尾，这时候我急刹车，差这么一点没有撞上，我就想，为什么让我遇到这件事，是让我注意驾车距离。没有觉知的人看到这件事时可能说，前面神经病呀，高速公路上刹车，本人技术不错，差这么点没撞上，如果不觉知，那第三次一定会撞上去。这是个例子，你知道吗？我们在身边看到别人发生的事情，如果你不知不觉的话，这件事会发生在你周围的朋友身上；如果你还是不觉知，就会发生在你亲人身上；最后你也不觉知，就会发生在自己身上，从小事就变成大事，最后让你面临生死。当你面临生死那一刻，你还不觉知，你就提前下课了。如果你觉知，你一转念就回来了。我们看到很多人，从生死关头走回来以后，他觉悟了，对很多事情他都放下了。

但是，真正到一定程度，我们不一定非得要死一次才明白一次，也就是在这个世界上，分分钟我们都可以明白，每一件事情、每个当下都在提醒我们去觉察，觉察我们的什么认知。因为，没有一个认知跟自己是没关的，因此这就是阿赖耶识，在现实中就叫业力现前。

刚才我说的就是所谓入世心法，入世所有的法必归于心法，不归于心法是没有意义的。心法就是进入"投影源"去改变，没在"投影源"里改变的时候，一切的改变都是在"投影"的像上做包装。所有的一切、任何一个维度呈现的信息，都是"投影"的像，它都不是本质。这是一个比喻，它不是一个真实的存在。我们在三维空间里面，我们看到一切真实，到第四维就变成无穷分之一了，跟我们 N 维无穷大之比，是三比无穷大，三比无穷大等于零！四比无穷大也等于零，任何有限数比无穷大都是零。因此，《金刚经》里说"一切有为法，如梦幻泡影，如露亦如电，应作如是观"，指的是这个概念。我们不执着在任何一个中间相上，但当我们自己的内在自由度提升到了止于至善的境界，叫 N 维宇宙空间（N 趋于无穷大），这个公式变成无穷大比无穷大。无穷大比无穷大，在数学上讲答案是一或任意数：一就是"天人合一"，就是止于至善那个境界；任意数就是"遍周天法界，无时不在，无处不有"，这就是一种通透的人生境界。（掌声）

问 2：谢谢刘丰老师！您解说得非常好！我刚才也在想，N 维和 N-1 维之间的关系就是投影关系，N-1维为什么要存在呢？它就是一个投影，就是一个想出来的，只有那种最高层的存在，真正的存在，就是那个能量原始的存在，其他的都是相。我们现在，坐在这里一起，是三维的一个，或者是四维的一个投影而已，它存在的意义到底是什么？我们说人和蚂蚁，是通过比较说我们不能同日而语，在我们维度以上层面看我们是蚂蚁，那为什么我们一定要存在？存在的意义到底是什么？大家都修炼或者是过来听课，总是想要悟出来一些东西，比如："我为什么存在？我们到底往何处去？"刚才从传统的角度，我们看了很多东西，不管是佛教还是什么，大家都相信有一个高能量的场在那边，都想奔向这个光明，那奔向这个光明之后，到最后，所有的存在，就真正吸到我们的灵魂中去了。就为了这一个目标，大家在修行，我想请两位老师从科学的角度再点拨一下。（掌声）

刘丰：非常好的问题！首先我解释一下，我们是在借用一个科学逻辑体系，对这个系统做一个描述。首先是借用。为什么借用这个系统？因为这个科学语境是大部分人从上小学就开始建立的，因此我今天说来说去，大家没听懂的也不会说我说的是迷信，因为爱因斯坦跟霍金没准你也不懂，但你也不会说他是迷信。我是借用这个逻辑体系，这是一个善巧，它只是一个方便。所以我们不要执着在科学语境体系的描述上，它只是一个引领、引导，引导我们去领悟这件事。当然，这个逻辑体系，既然借用它就要有它的自洽。实际上，N趋于无穷大的宇宙空间，跟N等于零一个质点，是一回事。

我刚才说了，一个质点里边，所有宇宙能量波都会通过这个质点，因此它具足宇宙中的所有信息和他们的相互关系。所谓一个质点，它对应的就是我们宇宙空间当下的状态，那我们修行在干什么？大家知道吗？当我们的内在自由度高的时候，我们当下呈现的状态是自在、是喜悦、是快乐、是幸福、是充满创造力的，我们当下就能获得幸福生活，就能在一种自在的生命状态里面。如果你建构的是这么一种能量状态，不用等未来你到了 N 维，当下你就跟 N 维通达了。

当我执着的时候，我当下就陷入这种被有限认知障碍的状态，我就起烦恼，就不自在，内心就不自由。因此，实际上没有什么四维、五维、六维的东西，这都是一个中间的过程。你看基督教它讲的是什么，离开人就是神，离开三维你就奔 N 维（N 趋于无穷大），它把四维到 N-1 维全部给你拿掉，就怕你执着在中间的层次，因为中间层次所呈现的一切幻象都没有意义，因此《金刚经》里，释迦牟尼佛说"若以音声色相见如来是人行邪道"；基督教说，"你拜偶像就是撒旦"，这不是一回事嘛！它们说的是一件事，因此一切归于当下，归于我们现在生命的状态，因为在当下，我的生命状态决定了我下一刻的状态。

为什么呢？因为我们下一刻有无穷多种选择，但是我们的下一刻跟我们现在的认知惯性有关。这时候我的认知是一种仰角，能量是个仰角，我下一刻一定往上走；我这一刻是个俯角，我下一刻一定往下走。只要我持续保持当下是一个仰角的状态，那我的生命就不断地往上走，自由度就能提升，我就不断地充满喜悦，这种喜悦我们叫法喜。什么叫法喜？就是我当下获得内在智慧的启迪的那个时候，如沐春风，我觉得有一种灌顶般的、通透的能量状态。在基督教叫圣灵充满。人生一生没有体会到法喜，是一种遗憾，因为这种法喜，比人间的所有喜悦来的都喜悦！就像阿基米德，他发现了浮力定理的时候，他突然从澡盆里边冲出来，衣服都没穿就冲上街了。这种喜悦怎么来的？法喜！他打开了高维智慧，下载了一个信息下来，他就很喜悦。如果我们持续在每个当下，在修炼的时候，那我们每个当下都会有法喜。如果你每个当下都会有法喜，你说你的生命是什么状态？充满了喜悦！让我们在这种持续处于被唤醒的状态之中的生命状态是当下呈现的，所以叫"即心即佛"，并不是修到了 N 维才是佛。谢谢！（掌声）

问 3：今天来的人很多，我参加别的会议人也很多，观察现在的社会现象，我得出一个结论，咱们国家非常缺乏信仰。二位刚才说了很多，包括人生观、价值观、世界观。我想问问，在学术界，像您二位这样比较有能力的学者，对于形成一个中华民族统一的信仰、统一的三观，现在是怎么做的？是每个人单打独斗，还是大家一起提建议？（笑）

刘丰：咱们现在学术界是个什么状态，我们没有接触过，对不起。每个人对学术界的概念不一样。但是我有一个原则，我人生过去经历的二三十年的时间里，我进入所有我有缘进入的宗教和修炼法门，我在里面只做一件事，寻找他们的相同点，相互印证，我把它叫"求同尊异"。因为我们在这个时空，我们也看两千多年来不同的派别，花了过多的时间和精力强调不同，最后发现，其实相同的东西才宝贵。

我用一个很简单的概念给大家做一个比喻，这些宗教的先哲们，他们是打开了内在智慧的活水，接通 N 维宇宙空间的，他们对于任何一个问题当下就能回答，他不需要去查字典，他是活水闸门打开，他连接了道。而他们的弟子不见得是这样的。先哲把自己的活水打开了，把活水盛到缸里，这个活水到缸里就变成死水了。为了适应不同的人群、不同的族群，弟子们可以往这里加盐，往那里加糖，拿那个缸去腌臭豆腐，这世间的人有不同的口味，这就是不同的宗教和宗教法门。大家注意，我们把这些缸中的东西一加热，蒸馏出来的水是一样的，而蒸馏出来的水是没有味道的，那个没有味道的水是离道最近的。因此，我们在所有宗教、所有智慧系统里面找相同的就错不了。

我相信我们中华民族，承担着这样一个使命，我们现在没有任何一个宗教在统领中国人的信仰，不是坏事。因为什么呢？我们可以以求同尊异的心态，用所有宗教、所有人类智慧奏响一个人类信仰的交响乐，（掌声）交响乐里每一种乐器都被尊重，它们和谐、美妙，谢谢！（掌声）

刘宏毅：在中国的传统文化里面，我们中国人有宗教精神，没有具体的宗教形式。另外，也不能说中国人没有信仰，因为任何人都有信仰，没有信仰，人生就没有目标，没有意义。只是你信仰的是什么，或者信仰神，或者信仰人，或者信仰物，你的信仰超不出这三个方面。今天的金钱崇拜也是一种对物的崇拜，所以说每个人在潜意识里边，都有他的信仰，区别只是你信仰什么而已。为什么在中国，没有具体的宗教形式？没有必要，因为中国人历来是向内求的，本自具足。当你不具足，自己没有办法决定命运，你才想到外面去找，把你自己的命运交给一个你都不知道的第三者。我们中国人能自己掌握自己的命运，能自己处理自己的问题，所以我们不需要宗教形式，直到今天也是如此。（掌声）

刘丰：另外，在这个时空里面，我们为什么讲弘扬中国传统文化？我觉得这也是一个非常重要的问题，这也说明我们国家领导人的大智慧。为什么？因为我们现在这个世界，当下的游戏规则全是西方人制定的，不管是金融规则也好，商业规则也好，都由西方人制定，在这个迷宫里面我们没有发言权，没有话语权，西方可以任意创造新的金融产品，把我们的财富，把我们的能量，规划到他们的系统里面去，我们在这个迷宫里面走不出来。而我们东方智慧的根文化，像我们今天讲到的所有的一切告诉我们，东方智慧、东方的根文化来自于 N 维宇宙空间（N 趋于无穷大），它是纵向的。所以，纵向突围，是中华民族的唯一方向，我们在纵向提升一个维度的时候，转回头来一看，迷宫里的一切了了分明。所有的细节、所有的游戏规则我们全知道，所有的工具我们随手可以驾驭，这就是我们中华民族突围的真正方向，这是一个共同的信仰。（掌声）

问4：两位老师好！我想问问两位老师，能不能解释一下时光、时间的概念。之前讲过，比如说做梦的时候，可能只是几分钟时间，但是感觉这个梦很长；实际上过了十年，但是对我来说，可能一眨眼就过去了。能不能从科学的角度和传统文化的角度讲讲这个概念，谢谢！

刘丰：谢谢。我们从科学角度来讲，现代科学已经发展到一个境界了，霍金曾说：时间是一个假象。我们怎么理解呢？我们的时间概念，是认为时间是一个常量，它不是变量，它是按照格林尼治天文台的石英振子的振动频率界定的。由于它是常量，所以我们对微观世界和宏观世界的认知，有巨大的障碍。我们对微观世界的理解，是因为时间分辨率不够，因此，我们看到的微观世界是，电子云和测不准原理；我们对宏观世界的理解是，时间尺度不够，一百光年以外的事情，跟我们没什么关系，因为我们出生的时候发生的事死的时候还没来呢。当时间是变量的时候，情况不一样，什么不一样呢？我可以把一秒钟变成一万年、一亿年、一亿亿年，微观世界的一切可以了了分明；我们可以把一万年、一亿年变成一秒钟，外太空的事情，瞬间可以拉到眼前，这就叫空间折叠。当时间成变量的时候，我们对宇宙的整个的了解就拓展开了，这就是时间的概念。时间为什么是假象？其实时间这个概念，跟其他三个变量没有本质的区别，就像我的手指这样放，长、宽、高是这样的；我可以转换手的角度，成为这样的长、宽、高。三个维度的长、宽、高可以互相转换。到第四维，是长、宽、高、时间。转换角度是一个长、宽、高、时间；再转换一个角度，形成另外一个长、宽、高、时间。四维空间的任何一个方向互为时间，都可以成为其他三个方向的时间，在变量的属性上没有任何差异。

那差异在哪呢，在于我们过度执着于这个三维空间，这个我们习惯的、共知的三维空间的时候，就对其他的三维空间不知不觉。在梦境的时候呢，是我们离开对三维的执着的状态的时候，就会发现，我们能进入其他的三维空间，能从其他三维空间里看到其他的东西，这就是所谓我们进入了一个更自由的能量状态。人在濒死的时候，有时候会进入这种状态。因为什么呢？他很多现实中的 sensor（感受器）关门了，不工作了，此时他就不执着于这个三维空间的认知创造像的空间了，他就进入一种相对自由的状态。这个时候他能真实地看到很多周围的能量关系，这时候他说出来的话，我们现实人不理解。其实在那个时候，他感受到了，现实这个三维空间，跟其他三维空间的梦境幻觉高度的平等，这是现代科学里面说的平行空间。所以，时间实际是一个假象，它不过是变量，多了一维变量的一个描述而已。(掌声)

刘宏毅：按照传统的说法，《淮南子》里面讲过，四方上下叫宇，往古来今叫宙。四方上下是空间的概念，往古来今是时间的概念，所以宇宙就是时空。世界也一样，界是界限，是空间的概念，世是三世，过去、现在、未来，它是一个时间的概念，所以这个世界的本质就是时空。但是说到时空，中国人历来认为时间是假的，它是空间的延续状态，造成的时间长短不一样。时间有心理时间，有实际上的这种物理时间，是不一样的。在受苦的时候，一分钟有无限长；当你跟恋人在一起的时候，刹那间，嗯，怎么到点了！（笑）。心理时间和现实是不一样的。

你看现在，随着交通的便利，空间缩短了，时间也就跟着缩短了。以前唐僧取经要走三年，今天到印度坐飞机，一个半小时就到了。你看，随着空间的缩短，是不是时间也缩短了？但是物理时间，按照刚才刘丰老师说的，它是按照格林尼治天文台石英振子振荡的频率来定的。根据现在最新的一个科研成果的测算报告，说现在的时间，就是我们现在说的一个小时，和二十年前的一个小时，根本就不是一个概念。你发现了吗，以前的时间一天特漫长，现在一天怎么一晃就过去了？

另外就是梦中的时间，像刚才刘丰老师说的，梦境里的时间无序，梦境里的时间是变量。但是，梦境里的三维空间和现实的三维空间是高度平等的。在梦里挨打同样疼，饿了也嗷嗷叫，那个感觉是真实的，但是怎么一睁眼就没了呢，可见这个三维空间像是平等的。在高维再来看三维空间，会有无穷多个。在这个三维空间里我当过动物，在那个三维空间里我当过别的什么，现在我是人。你有无穷多个过去世，这还有什么意义吗？一旦超越了现在这个空间维度，在时间变量上来讲，已经没有太大的意义了，大概是这样。（掌声）

问5：我想问一下刘老师，您说认认真真干一件事，可是所有人做的事情都不一样，比方说您这辈子做的事就很大，我们可能都无法望其项背，对吧？但是对于普通人来说，认认真真干一件事情，怎么能够把这功夫做下去？我就想问您这个问题。

刘宏毅：认认真真地干一件事，这是我们讲的功夫四条中的最后一条。无论干任何事情，最重要的一个前提条件、一个原则标准就是专注。刘丰老师也经常举这个例子，一个50瓦的灯泡，如果作为照明用，它的能量是散射的，如果把这些能量聚集起来，变成激光，那个能量就不得了。我们现在的状态是能量分散，没有踏实专心地做一件事，如果这一生只干一件事，真的是虽愚必明，虽柔必强。就像打井一样，与其打十眼井，一个都不出水，还不如在一个选址上一门心思地深入进去。当然，选址选错了，在一个没有水源的地方，再深入也没有用，这就需要智慧。功夫的境界是通用的，不一定说非要用在哪一个境界里，世间法、出世间法都是通用的。

再问：是这样，您刚才说的那个时空上面，比如说打井要见水，那怎么能在见水的同时，还能明德呢？就是顿时彻悟，明心见性，这个功夫怎么能够达成？

刘宏毅：有人问我，认真和执着有什么区别？我认为，觉悟以后的执着叫认真，不觉悟的认真就叫执着。（掌声）如果你当下不执着，不分别，就这么认真地干下去，用刘丰老师的话说，你就可以瞬间接通高维能量，就能够下载，就能够超越。

第二期互动问答

问6：刚刚讲了解字，我想请二位老师解一下"禅"字？

刘宏毅："禅"，我刚才是用了两个解释，一个是三藏法师，即玄奘法师的解释，他翻译成"净虑"，就是干净的、没有污染的、本源的、当下的直觉心，他就叫作"禅"。

另外，六祖大师，在《坛经》里面有一个解释，他说外离相叫"禅"，就是说外相不能干扰你，你能够保持内心的清静这叫禅；内不乱叫"定"，这叫作"禅定"。梵文，音译过来就是禅的意思，实际上本来这个字念禅（shàn），叫作"禅让"。古代的时候，皇帝要把权力交出来，交给下一位的时候，要在泰山烧一堆火，然后搞一个祭天仪式，要对上天发表一番演说，然后把这个圣火传给下一代，这个仪式叫作禅让。

后来佛家把这个字给拿走了，不还了，儒家没有字用了，禅字归佛家专用了。禅，就是清静的状态、安静，现在有静禅，有动禅，还有扩展出来的，比如"电影禅"，什么都是禅。我有一个朋友是学佛的，挺有意思的，那时他小儿子才 7 岁，那天我问他："你爸学佛，学什么法门？"他说："我爸呀，吃饭的时候就是禅宗，干活的时候就是密宗，我做题做不出来问他的时候，他就是密宗。"开玩笑，挺有意思的。我理解的禅就是这个禅。

刘丰：刚才这个朋友说解"禅"字，我们看这个字，左边是一个"礻"，是示现；旁边是个"单"，单是单一。合起来就是示现单一宇宙最高能量的那个境界。它示现的是，只有离一切相，你才能跟唯一的境界融合，所以从字上，你能看出它的奥义来。谢谢！（掌声）

问 7：我今天是第一次参加二位老师的讲座，理解得也比较浅显。我最纠结的一个事情是，刘丰老师说相信本自具足，那我们在日常生活当中，怎么来分善恶和对错呢？您的意思，本自具足，人人都可能是一个完美的人，事物也是很完美的，那善恶和对错怎么来分呢？还有，是不是站在更高维度下，看这个世界就是更美好的呢？我对这个问题有点质疑。

刘丰：所有的善恶、分别是什么呢？是和非，对和错，我们看到的是什么？我们看到的是在一个时空里面有限的游戏规则。在这个游戏规则里面可以界定哪件事情是犯规的、哪件事是合理的。但是，当你跳出这个游戏规则到更高层次的时候，这个游戏规则就失去它的意义了。

是非善恶，都在同一个能量层次上。我们很多人，是想用"是"来压倒"非"，实际上这两个是同时存在的。它们是一对儿，有是才有非。但是如果你要看到是非背后的能量关系，你怎么看到？你只有从是非的上面来看。你从是非的上面来看，才知道这个是非在告诉我们一个什么道理。如果我们只是用是非来解题的话，就相当于我们在解这道应用题的时候没读懂它背后让我们干什么。是非有没有意义呢？在游戏规则里面有意义，但是跳出这个游戏规则的时候，它就失去了我们以为的那个意义。所以，是非、善恶是这样来解读的。

再来看"高维是不是美好"的问题。每个人对美好的理解不一样。我们并不把这个美好当成一个目标，我们是以自在——就是自由度高——为目标的。当你自由度高的时候，你要仍觉得不美的，就是每个人自己的感觉的问题了。有人一有自由他就觉得不安全，他必须得被管着，没人管着他觉得不安全，这是认知造成的，但是他的认知到了更高维度的时候，才会发现这个问题。

为什么古人有"不逾矩"呀，随心所欲不逾矩，就是他的自由度并不是需要别人来约束的，而是靠自我来约束的。因为他到更低的空间的时候，知道每一个游戏规则该怎么去驾驭，这时候呈现的状态，是自在的、喜悦的、快乐的、自由的。**（掌声）**

问8：我问一个问题，经常听人说："你学了知识之后，很容易形成一种所知障，需要颠覆一些认知。"为了明道、悟道，开悟以达到您说的那个多维、高维（N趋于无穷大）的智慧，跟我们去学各种知识，不管是文科、理科、科技、哲学，或者是艺术，有什么关系，是不是学得越多，你的障碍就越大，越容易形成障碍和知见？

刘丰：我给你举个例子。首先我们理解东方教育，它要做的一件事，分三个层次，叫传道、授业、解惑。什么是传道？传道，是让我们接通内在高维智慧，本质是在唤醒，唤醒我们内在本自具足的智慧；授业，是了解我们三维物质世界所看到各种像的关联；解惑，是辨明这些像和高维之间的关联。

我用一个通俗点的比方，降低一维，用三维和二维给你表达一下：比如我的手是三维的一座山，现在如果想用二维表达这座山，我可以把它从上往下，用画等高线的方法把三维的山投影到一个二维平面上。你说等高线是不是山呢？它不是，但是它跟山有关联，因为三维的山是立体的，二维的等高线是平面的，等高线和山之间有对应关系。对于这个二维的等高线来讲，就相当于所学的知识；对于三维的山来讲，它叫智慧。这两个有本质的不一样。

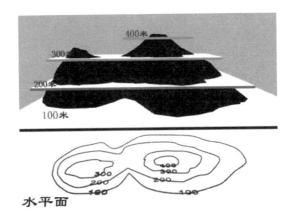

古人所讲的教育，是要让学生了解并真正学会看这座山，然后又能够用等高线悟出山是什么样的。当学生看到等高线以后，脑子里能马上出现这座山的立体形状，他知道山和等高线之间的对应关系：小圈是山顶，大圈是山脚，密的地方是陡坡，稀的地方是缓坡。学习应把这事想明白，是对宇宙存在的一种通透的领悟。这个师傅能看到山，结果他死的时候，他的徒弟没学会看山，只会看等高线，所以他当师傅的时候，一定是这样教他的学生的，他拿着等高线去教，说这就是山，小圈是山顶，大圈是山脚，密的地方是陡坡，稀的地方是缓坡。他的学生再看到等高线以后，他就以为等高线就叫山。他能拿一大摞等高线图，给人说这是山。但是因为他从来没见过山，一旦学生以这种方式学会了山，他根本不想去看真正的山是什么了，这就形成了所知障。

我们要知道，学习，是要让学生看到等高线就能悟出等高线在高维的分布是怎么回事。你看到一个知识，就知道这个知识背后带来的高维智慧是什么，所以知识是发酵智慧的酵母。

你学那么多的知识，如果每一个知识都让你去领悟智慧，帮你开悟智慧，那是好事！如果每一个东西，你只是把它用来武装、包装自己，就像我的手在这儿，投影到这个投影面上，我在投影面上去修改，去增加内容，没有意义呀！我这儿一转，它就变了。所以要让人进入"投影源"里面，就是进入山的层次里面去看。什么叫所知障？就是执着在一个有限空间的认知上，而且没有那种想法去继续得到他背后的更高境界的东西，这就叫障碍了，不但得不到智慧，还成了智慧巨大的障碍。（掌声）

刘宏毅：我记得以前的智者，曾经说过这样的话："如果把你的所知作为一个圈儿的话，那圈儿的外面就是你不知道的世界。你的圈儿画得越大，你这个边界接触的无知的境界就越大，你知道得越多就越无知。"

你只有两个选择：第一，把你的圈儿放到无限大，就是你通透所有的知识，去跟虚空合一，这几乎不可能。第二，就是缩小你的认知，把它缩小到无限小，它和虚空也是合一，就是大而无外，小而无内。我们看，既然扩大是不可能，我们就只有缩小，把学到的知识超越，不要把它作为连接高维智慧的一个障碍，所以说，"所知障，障所知"。（掌声）

刘丰：我拿一张二维的纸，挡在眼前的时候，就看不到三维，这个二维是有限的东西，我把它拿开以后，我得到三维的智慧了。我们脑子里装的三维的东西越多，拿掉它们就越复杂。等我们把最后一个三维的东西拿掉了，才能得到四维智慧。怎么去拿掉，这个很重要，如果你装得太复杂，反而把自己局限了。

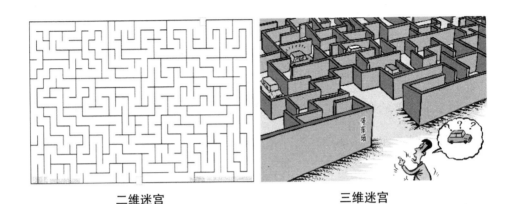

二维迷宫　　　　　　　　　　三维迷宫

这就好像我们在公园里给大家搭一个迷宫，你没有撞墙根本不知道走错。如果我把这个迷宫画到这张纸上，从上往下看，我一定在没有走到死胡同前就能发现我走错了，这是因为我从三维空间走一个二维的迷宫。我们现实中的人，所有人基本上是走一个三维迷宫，那个能到第四维看一眼的人，对明天和未来即将发生的事情，就会有直觉了，是因为他超越了时空，他在一个更高维度来看这个世界的事，直觉就非常重要了。

所以说：未来的赢点在境界，当下的赢点在直觉，境界的产生在智慧，直觉的产生在修炼。（掌声）

第三期互动问答

问9：两位老师好！刚才听你们讲座受益真的很多，记了满满四页纸。我一共有三个问题，其实还是比较偏概念性的，我一直在思考，但不是很懂。

第一个问题，什么叫活在当下？我自认为是，享受现在的每分每秒，然后让自己的生活变得充实有价值。但是我觉得还是很肤浅，想让两位老师解释一下。

　　第二个就是，刚才刘丰老师提到，在高维空间里最紧密的能量是身和家，我就想"身家性命"这个词是不是也是有一定内涵的？我们都这么说，但是可能不是很理解。

　　最后还有一个小问题，就是您刚才提到的好人有好报这件事。现在我们发现社会上，很多好人并没有好报，但是您刚才说他们可能是提前交卷了，然后我就想知道，如果这么推算的话，可不可以说所有的意外其实都是跟自身的道德有关系，是不是好人就不会有意外了，是这样吗？谢谢老师！

　　刘丰：先回答第一个问题。我们只要有所谓的"寿者相"，有生命的开始跟结束这种概念，我们就连三维认知都出不去。前提是在你觉悟了生命的意义是提升意识能量自由度，是提升维度之后，你才知道，什么是活在当下，这就叫"即心即佛"，叫"一念天堂，一念地狱"。你每一个当下都在提升的时候，你那个当下就产生了喜悦，这叫法喜。每一个当下都在提升的话，你的生命就充满了喜悦和法喜。当你提升的时候，你在更高一个维度，当下看世间一切，都是从上往下看的，你当下可以下载智慧，这就是活在当下。

　　我们在现实中投影出的关系在我们的内在，在投影源里边叫缘，那种紧密的关系会投影出我们现实的亲情关系，最紧密的关系投影是我们自己的身，然后次紧密的关系投影是家和亲人。所谓的身家，跟我们的性和命是关联的。什么是性？是自己的自性，是内在的圆满智慧的一个最终的境界，就是明心见性。命是什么？命是在现实"投影"出来的相，身和家直接反映的是我们的性和命的关联，所以我们修行是修身和齐家，这是起点。但是再一拓展你就发现，一切所见都是内在认知的投影，所以才有了治国平天下，就是拓展以后才知道要对自己面对的一切承担百分之百的责任。如果只在身家性命的层次，就还在自己的一个小范围，但是它是起点。

什么是好人？每一个人对好人的概念是不一样的。当然了，一个人他有慈悲心，他乐于助人，利他，在我们认识之中，这确实就是好人。但是你知道吗？如果一个人他是觉悟的好人，做任何事情，不着功德相，不起烦恼，他知道他做的任何一件事情，别人给他机会让他帮助人，是他自己内在成长的机缘，这种好人，他不需要别人评价，他自己会对自己有要求。

什么是好报？不同人对好报的理解也不一样。这个人积聚了很多财富是一种好报，这个人活的时间很长在我们心目中也是一个好报。但是，如果你通透地理解了生命的意义后，你知道人死了以后去哪里才是真的好报。但是一般人并不知道一个人死了以后会去哪里。说好人有好报这句话，在不同人眼里看到的是不一样的，这取决于观察者自身的觉悟境界。（掌声）

问10：刚才提到一个问题，说到孔子讲的仁爱，仁爱就是无条件的爱，那我们怎么能对自己那个本我有无条件的爱？比如说您刚才讲的孝道，有些人在跟父母的关系中，可能本身并没有得到过多的爱，他没尝过得到的滋味，他也不知道怎么付出的，因为他心里没有，他怎么才能给！

如果说人在这种状态下讲孝，把这些东西加到他身上，我就很反感。所以我想问一下，这些东西跟对本我的仁爱是冲突的吗？

刘宏毅：有很多人问过这个问题。有一次讲座，现场有一人站起来说："刘老师，你讲的我表示怀疑，因为我恨我父亲，是他对不起我，我凭什么要孝他？我就没得过他的爱，我的爱怎么反馈回去呢？"这是他的问题。

王善人讲过，五伦八德，"孝悌忠信、礼义廉耻"，这八德是人提升生命境界的八条正道，选其中的任何一条道都可以，好像进入这个大楼的八个门，从哪个门都能进来。怕的是你一辈子都在门外做选择，到底从哪个门进呢？一辈子都没能进得来。进门有一个原则，就是八道的任何一条都是单行道，你只能走自己的车道，不能串道。不管父母慈不慈，我只问我自己孝不孝，因为孝是提升我自己的，父母不慈是他们的因果，与我是两回事，我们不在一个道上。

这个人与父亲已经十五年没有说过话了，而他自己的生命状态非常不好，能量一直在下跌，说明他的道肯定是行错了！这个道理，他听明白了，然后主动去与父亲交流和好，慢慢把运转过来了，现在很好。

行道的原则就是要管好自己，转变自己，以自己为焦点，看前后左右上下，都是自己成长的环境，都是自己的一个投影而已。孔子说"古之学者为己，今之学者为人"。修行的本质是私，但是个大私，大私到极点就是大公，二者已经没有区别了。看别人也一样，我跟他是隔界的，我们虽是同类，但能量频率不同，没在一个界内，业果是不一样的。好像对面车道发生的车祸，我在这个车道不受影响。如果串了车道，全乱套了，结果就很难说了。

学员：我想起一句话，刘老师，自己站稳了再把别人抱起来。那站不稳怎么办呀？

刘宏毅：也可以这么说吧，就是你在度人的时候，先问问自己有没有这份儿力量。自己先站稳，才能干别的事吧！

刘丰：爱这个事情很有意思，爱只有在付出的时候，你的感觉是最好的，当你真的爱一个人的时候，你会发现这个世界太美了，那个时候你是最大的受益者。当你开始算计我能得到多少回报的时候，这种感觉一下子就打折了。所以，我们每一个付出当下感觉到的那种美好，比我们去算计能得到多少回报要重要得多。爱只有在付出的时候才有意义，爱在求的时候就没意义了。

我们人生真正是为了提升意识能量自由度，如果你相信这一点，就给你讲一个小故事。有两个天使是好朋友，有一个要到现实中来修嗔恨心，这时候他一定得找一个对手啊，得找一个他恨的人，他就去找了，但谁都不愿意得罪他，谁都不来。最后他最好的朋友说，别人不来，那只能我来了。这下子他很开心啊，这个功课有机会完成了。结果他一开心，这个朋友就哭了，他问："你哭什么呀？"朋友说："别到时候你真的恨我了！"

其实在现实中，那个让我们恨、让我们不能原谅的人，是我们最好的心灵伙伴。特别是我们的亲人、我们身边的这些人，我们任何时候想到这一点，就知道什么叫感恩了，是从你的心灵里发出来的感恩，不是一个表象的，不是做出来的，是你心里真正能生起感恩。

所以说，能原谅别人，其实真正原谅的是自己。有的时候，我们在现实中不原谅别人，实际上最纠结的是自己呀，自己痛苦。你会发现，当我原谅一个人的时候，我自己释怀了；当你原谅这个人，你会发现原来的那个冲突没了，就是一念之转，你的念一转，这个世界相就变了。

"投影源"在自己内在，可以试一试。但是有的时候，我们的某种关系累积时间太久了，我们很难真正从自己主动地去转，我们先绕开，先去找那些小一点的事去试一试。比如我跟他之间有芥蒂，这个事不是很重要的事，但我觉察了有问题，我试试转一转，看他变不变。我给你讲，你可以做这种实验，你会发现，你的心只要一转，他马上就变。（掌声）

问11：我提个比较俗的问题，还是刚刚那个财富的问题，就是您说如何激活财富，然后如何把财富用到最该用的地方，让每一分的财富都能够修身，我是没有这个智慧的，麻烦您指点。

刘丰：关键是我们对财富的看法，就是我们对财富是怎样认知的。如果一个人，他的境界到了真正知道了本自具足的时候，他对财富是一种看法；如果一个人停留在一个一般的物质层面的时候，他是一种索取财富的心态，他觉得他匮乏了，需要从外边拿，他需要透支他的能量去置换他想看到的有形的财富。这是最低层面的，他会成为财富的奴隶。

第二个境界，这个人足够聪明，他可以设计一个系统，这个系统可以吸引财富，现实中能做到这件事的人有不少。

其实到最高境界的时候，他相信本自具足，他知道我就是财富，我在哪儿财富就在哪儿。这是怎么得到的？这是他建立了一个正信，而且到这个时候他对财富的概念拓展了。财富已经不仅仅是金钱了，已经不仅仅是物质了，而在于他自己内在的境界，当他的境界达到一定高度的时候，他吸引财富是一件简单的事情，他会用高维认知、高维智慧去创造财富，他可以无中生有。

就像《秘密》这本书，《秘密》一书的作者为什么要写这本书？他想知道这个世界上的那些大成就者，他们在不同的领域为什么能够获得巨大的成功，他们掌握了一种什么样的共同秘密让他们获得成功？后来他发现这帮人有一种共同的特质，他们都会内在造相，就在内在把想要呈现的事情给想出来，他能完整地把那个场景勾勒出来，把产生这个场景的那些条件描述出来，然后把它投影出来。这就是，进入高维才能做这个设计，进入源代码空间才能做这些设计。只有到这个状态的时候，你才知道这个宇宙空间的一切实相是怎么来的，全是从内在来。

但是，如果我们执着在一个外相的时候，我们的意识是散乱的，我们执着在一些有限的空间的相上的时候，你根本进入不了"投影源"，你也就根本没法进行设计。

我问过很多成功的人："让你今生今世成功的那几步决策依据是什么？"我得到的回答出奇的一致，叫"直觉"。这告诉我们一个概念，我们所有的财富来源于内在。但是我们把自己的内在给屏蔽以后，我们只在外相上去找，对不起，你找不到。

问11续：我问的问题不是如何寻找财富或者改变"投影源"，我想问的是，针对普通人，我们现在可能有一点点财富，我想要的是把每一分钱用在该用的地方上来提升自己，用什么方法？

刘丰：对，你是说怎么用钱，这件事更重要。因为很多人挣钱容易，但用钱确实很难，把钱用好非常难。你就要去觉察，你随时要问自己这件事，"用这个钱跟提升我自己内在有什么关系"。这件事里面没有一定之规，这跟你自己的心念、你的能量在哪个层次关系非常密切。我要是给你一个方法你去模仿，它跟你的内在不相连的话没有用。有的人用财富去布施，有的人是用财富去创造一个事业。为什么创造事业？是因为我们做一个事业的过程中，我们内在的认知会高密度地呈现，就能让我们高密度地去面对自己的认知，去超越这个认知。

我们这些在现实中做事的人，为什么要做事？有些人是为了获得更大的财富，有些人不是，有些人是通过做这件事情让自己内在的业、内在的认知高密度呈现。他一生可以做很多很多事情而超越他的有限认知，他可以精进。

我们在现实中承担责任的那批人，做事业的那些人，用这种心态去做的时候，他的每一分钱其实都在消业。我们现实见到的一切，都是我们的业力现前。业力就是认知，我们的认知是业力，业力现前你才能觉察，觉察后你才能颠覆，才能超越。你有钱，你可以把钱用到这样的地方去，你可以做一个事业，你也可以把它布施出来，因为你所有的布施，都是把相对固化的财富给激活了，激活以后，你的意识驾驭空间范畴会更大，这就叫把福德变成了功德，如果你的福德只消耗在三维空间，那叫福报，福报其实没有多大意义，你整太多的福报，等于把你的能量给浪费在一个有限空间层次了。

刘宏毅：有人会问，你让我把钱都弄出去了，我吃什么呀？

刘丰：其实，我们做任何这样的事情，一定是量力而行的。仔细想想，吃和用，如果我们不贪的话，如果我们不奢侈的话，其实花不了多少钱。我们保持一种简单的生活状态的时候，不但对身体好，对心境好，还少惹很多麻烦。

我们想想，其实有的时候你有了钱以后带来的烦恼比你没钱时烦恼多多了，所以为什么说撑死的滋味比饿死难受多了，没钱省心你知道吗？你说咱这一身本事缺钱吗，根本不缺钱。什么时候你觉得把该变成钱的东西变成钱是值得的，你变成钱就完事了。其实我要饭都比人要得质量高，而且咱们吃素，是吧？（笑，掌声）

问 12：我想问一个问题，就是今天讲的最后一个是平天下，最近咱们国家周边面临很多困境，不知道大家这两天看新闻了没有，最近搞了一个庆祝五项基本原则发表 60 周年的纪念大会，当时我在新闻上扫了一眼，想国家为什么很隆重地搞这么一个东西，这可能跟我们国家最近这一两年，尤其是这一届班子换完之后，周边的形势好像突然间事多了有关。现在不像以前，以前可能有事他不报道，但是现在有事，就马上把这事情统统地通过媒体等各种渠道让所有的人知道。

但是我们国家现在面临着一个外交困境，或者说不叫困境，它叫一个局，国家现在也在设法用很多办法去解这个局。我今天听了这个讲座，八月里面的最后一个是平天下，如果站在这个角度来讲，地球上 200 多个国家，大概相当于200多个家庭，每个家庭现在守着这么一块土地，或者说守着这么一块自然赋予自己的山川河流，可能有的国家贫穷，有的国家富庶，有的国家占有的资源多，有的国家占有的资源少，而且地球上的种族跟人，各式各样的，信仰也不同，信这个的，信那个的，都有。不知道大家看世界杯了没有，感觉特别明显，生活在这个地球上，虽然说大家现在讲究和谐社会，讲这个讲那个，但没人理你，该争的时候军舰马上派到你家门口来。我现在就是想知道，怎么样用传统的智慧或者叫高维的能量去看待国家现在面临的这种局势？另外，怎么能从这里边寻找到一些比较奏效的办法跟方法，或者说很好的策略去解决我们这个迷局呢？不知道两位老师有什么高见？（掌声）

刘宏毅：我先说几句，再请刘丰老师补充。这个问题如果要通盘解决、全面解决，一定是在大家都提升自己的境界的基础上才能谈，如果大家都局限在三维认知状态，就没得谈，一块小蛋糕，谁都想分多一点。我们如果弄一个大蛋糕，最小的一块可能比你现在分的那块都要大。这是从格局上来说。

道德，如果把它降一个层次来看，游戏规则叫道，遵守游戏规则就叫德。如果不遵守规则，这个游戏就没有办法进行了。有人问孔子："以德报怨如何？"孔子说，以德报怨，"何以报德"？对你有怨的人你用德来回报，对你有德的人你怎么回报呢？"以直报怨"，用你自己的直心来报怨吧，跟强盗就得用强盗的逻辑交往，这是强盗的规则。警察与小偷的游戏也是如此，规则就是这样制定的。

中国国土960万平方公里，日本一亿三千多万人，就那么几个小岛，一个钓鱼岛给他吧，那行吗？不行。游戏规则破坏了，世界还不乱套了？当然，解决问题不一定非要诉诸武力，还有其他的和平方式。但是如果从超越空间、超越能量的角度来看，大概刘丰老师有高见。（笑）

问 13：我特别想分享我听一个清华大学的老师说的一件事，我想求证一下。他说，拿我们现在这个时间段和以往对比，我们现在特别像隋朝，因为隋朝那个时候就是佛教文化进来，对中国文化有很大的冲击，当时隋朝花了大概两百年的时间把从外边传过来的佛教文化给消化掉，最终形成了自己的禅。我们现在的时空也是这种状况，就是西方文明对我们东方文化的冲击，他预估可能也就一百年的时间我们就会把它消化掉。隋朝以后是什么？就是唐朝，大唐盛世就会到来。

他说我们要给自己很大的信心，我们现在要做的是不是应该去充分了解我们自己的文化，然后用我们的文化再去把西方的文明或者西方的文化给消化掉，最终就像刘丰老师说的归同了异，形成一个更高的东西，在这种情况下，冲突是不是就淡化了，或者说这个局直接就给破掉了，我不知道会不会有这种可能？

刘宏毅：隋朝没有二百年的历史，就三十多年。历史上秦汉并称，秦朝二十多年的历史，它是汉朝的一个序幕。隋唐并称，隋朝三十多年的历史，它是唐朝的一个序幕。现在传统文化、国学很热，实际上我觉得它只是一个序幕，后面会引领出更精彩的文化繁荣形势。

学员：我们要破这个局的话，还是要以自己的文化为根本，然后再充分地去做。

刘宏毅：对，是这样。在中国历史上，汉民族亡国不止一次，被异族统治多少次了。但是军事上的胜利、强权的胜利没有用啊，最终一定是文化上的胜利。清朝多强大啊，现在没了，满族人连满语都不会说了。您是满族人吧，除了会"萨琪玛"这个满语词，其他就没了！（笑）可见最后能够长久的，还是文化，所以我们不能丢了自己的文化。

刘丰：东方智慧、东方文化的底蕴来自于 N 维（N 趋于无穷大）。我们今天用到科学语言，现在掌握科学技术的西方人，把科学的定义域定义在三维空间犯了一个巨大的错误，试图用三维的实践去检验一切高维真理。但我们东方智慧不是，东方是从高维实践开始的，只要我们今天把高维实践落地，那必然是高维引领低维了。"投影源"决定"投影"，这是正常的。

问 14：我的问题有两个。第一个是刘老师提过两次的夏威夷疗法，我对这个比较感兴趣，因为您说病人全都恢复了，从这个角度来讲是一个非常不可思议的事情，因为大家都知道这种精神上的障碍其实是很难破除的，就像所说的义理之障实际上是最可怕的，所以就想了解一下到底是怎样让他们恢复的。虽然您提到说是关注病，但是具体这个病的恢复，是那些病人自己的努力，是他们在认知上把那个障碍破掉了，然后才能够恢复正常的吗？这是我的第一个问题。

第二个问题是，您提到人生的意义是提高自己的能量状态，我就感觉到其实在正常的生活里，人是在两个层面的，一个层面是在生活层面，就是不断地提高自己对人对事的认识，然后能够增强对事情的一些把控，才会做得越来越好。但是可能每个人都会在某个时空，或者是遇到一些问题以后，产生一种幻灭感，比如说像《圣经》里《传道书》的作者所说的，一切都是虚空；或者也可以想一下，比如说过去几千年来，包括孔子也好，孟子也好，其实到现在他们已经不存在了，也可以想象到几百年以后，所有我们在座的人，包括我们外在的环境都不存在了。如果提升一个能量等级去看的话，把时间看得更快的话，你可以看到一切就像尘埃一样，最后都不存在了。这种情况下，具体的意义到底在哪里？因为提升能量等级还是在我们存在的条件下，一方面是活在当下很重要，另外一方面是不是传承也是一个很重要的部分？还有就是，个人是不是只是个人，作为一个母亲来讲，我觉得可能生命到我为止就已经不存在了，并不存在另外一个形式的我，其实物质形式是通过孩子传承下来的，但精神能量还是通过两位老师，比如今天跟大家的分享，比如把孟子、孔子这些精神能量，包括两位老师对现代科学的解释，传承给我们。我的问题是这两个。(掌声)

刘丰：其实你问了很多问题，(笑) 我先回答第一个问题。

其实我们从三维的认知角度，是没有办法解释夏威夷疗法的。因为它不是在我们的物质空间，用我们的物质能量交换的方式来解决的，它是进入了内在"投影源"，去对投影源做清理、做转化，而这个"投影源"，是当事的医生自己。内在"投影源"操作方式是什么？是自己认知到了一个非常重要的真理。这个真理就是：所见到的一切都是内在认知投影出来的相，这是理论基础。他说了一句话，"人要对自己面对的一切承担百分之百的责任"。如果我们不了解这个道理，不了解宇宙空间的能量关系，只从三维认知去描述，就没法说，说不清楚。因为三维之间的能量交换，是本着能量守恒定律。我们在三维建立了非常多的认知，我们对精神病、神经病，有很多很多定义，我们的定义是用三维的相去定义的。定义完了以后，我们就相信所有相的连接逻辑关系，是完全建立在时空关系上的。

可是夏威夷法，恰恰是在"投影源"解决问题，是对这些"投影源"里的认知进行清理。那他清理的方式是什么？他是跟他自己内在具足圆满的那个智慧状态去说四句话。

第一句话叫"对不起"，很多人以为他说对不起是对那个个案说的，其实不是。因为他知道，"这个个案我之所以看到，是因为我有这个认知，由于我有这个认知，让我面对这个烦恼的事"。他觉得对不起，是对自己内在的最高境界的智慧、那个具足圆满的神性说对不起，"因为我有这个认知，才让我面对这个局面"，他因为自己的认知而对不起自己内在具足圆满的神性。

然后他说"请原谅"，什么意思？就是"我臣服于你，我愿意把我这个认知放下，你原谅我，我跟你连接"。

"谢谢你"，就是他谢谢这个具足圆满的能量无时无刻不在眷顾着他的每一个当下，他相信他们永远是一体的。

最后他说"我爱你"，爱什么呢？"我跟你同频共振，我跟你融为一体。"

他进入一种具足圆满的状态，这个相、这个认知就被他清理掉了，这个"投影"的相就没了。当然，这句话描述得非常抽象，但实际这是说宇宙能量运作关系的一个真理，就是这么回事。只是我们用三维的逻辑解释不了，就像蚂蚁没法解释人所操作的事情一样。所以，如果我们坚持在三维认知里面，不提升我们的认知水平，想去理解这件事是非常困难的。

夏威夷疗法给了我们一个启发：告诉我们内在本自具足，你完全可以通过内在调整你的认知，去改变你的外部世界，就是你遇到的所有的相，都是在验证本自具足的，所以他敢说出这句话，"要对面对的一切承担百分之百的责任"。

当我们知道三维的一切都是高维能量投影出来的相的时候，我们的三维认知创造了我们生命的过程，也就是我们有出生，有死亡，出生就是从高维投影到三维，死亡就是回到高维空间里面去。当你没有体会到你进入高维的那种具足状态的时候，就会对三维感到幻灭，你就觉得生的时候开始有，死的时候全没了。其实不是，所有的意识能量充满在宇宙空间里面，它是不生不灭的。因为到第四维就可以任意到过去，任意到未来，它并不受我们的身体在这个三维空间成相的几十年，说多点上百年的局限，这个能量体投影出了我们的相，如果我们认为是我们的相、我们的身体产生了思想，产生了这个认知，产生了意识的话，这就颠倒了。当我们颠倒的时候，我们对宇宙能量就误解了，我们就没法理解高维是怎么回事了，我们就不知道灵魂是怎么回事，我们就不知道意识能量的提升是什么意思了。

当你知道我们的投影源实际是高维能量，那个高维能量想在现实成什么相就成什么相，想在哪个时空呈现就在哪个时空呈现，只要知道这件事情，这个时候我们才开始对生命的本质有了认知，这个时候我们才能发现原来人类智慧说来说去描述的是这么回事，我们才能理解那些智慧的更高层次是什么，否则我们只能在有限的相里边去看世界。因为你刚才说的全是在三维逻辑里边讲，我们出生前不存在，我们多少年以后身体也不存在了，但是意识能量还在，那个意识能量存在于我们整个人类的真正的内在觉悟里边，因为所有能量到最高境界是一体的。最近有一篇文章说"宇宙原来是大脑，整个宇宙是我们意识呈现出来的，投影出来的"，而这个意识其实不仅仅是大脑，大脑都是个相，意识就是能量本体，在道家智慧里管它叫混沌的，叫最初的无极的状态，它不成相，没有任何的纠结。

当然，我们说的只是描述，真正的领悟是靠我们每个人进入自己的内在去实证的，我们有了这个方向再去印证的时候，方向就不会偏。

在现实中，那些所谓的虚无缥缈的东西，那些所谓没有意义的东西，其实都有意义，生命的意义在于每一个当下你所呈现的现实都是内在认知的投影，当你把内在认知颠覆的那一刻你就提升了，这个就是生命的意义。当我们知道这个意义的时候，我们每一个当下都可以喜悦，都可以提升，但如果我们把生命的意义理解成我出生到死亡的这段时间的时候，我们就发现没意义。我们来这折腾了一番，最后什么也没有，尘归尘，土归土，我们就有一种幻灭的感觉了，幻灭就是我们认为结束了。幻灭了以后会怎么样？这个能量会再度投影到这个空间里面来，实际还是给我们一次觉悟的机会，你要是还不觉悟就再投影一次，再投影一次……这叫六道轮回。我们就是在这一次轮回里面投影。

只有当我们突破了三维的时候，我们才超越了时间的这种轮转，我们已经不再投影在三维的这种状态里面，或者即使我们投影到三维状态里边，也是来把我们那些残留在意识中的三维认知给它颠覆，这叫乘愿再来。因为只要你有三维认知，它就会把你拽到这个三维的能量状态里面，你就会呈现这个相。所谓的菩萨来行菩萨道，就是在做这件事。他是回到这个世界来把他所有的三维认知去超越。

但是这件事情还是发生在我们每个人意识之中的，因为我们的意识是具足圆满的。你有具足佛性，你又有菩萨的境界，你也有罗汉境界，你也有凡人境界，同时你还有低等生物的境界。你超越每一个境界的时候，只有一个方向，就是向一个圆满的方向。在这个过程中，你每一个当下都是喜悦的，只要你往上走你就喜悦。（掌声）当然，这个说起来比较抽象。

刘宏毅：有一个问题就是，你要提升你自己的维度，这应该是需要能量的，就像我们在世间，你要当君子当好人，是需要成本的，当好人是不是要高成本？外边有一个老太太躺在街上，你敢扶吗？要当好人是要付出成本的，你做好这个准备了吗？当然，这是在三维空间角度讲的，我们提升自己的意识能量自由度，是不是需要消耗自己的能量，是不是还需要有更大的力量来支撑你？

刘丰：对，这就是我们讲的愿。我们今天讲到的入世心法里边，有四个非常重要的概念，就是"信、愿、行、证"。

信是相信你本自具足；

愿是有足够的内在的目标高度，就像我们上山一样，如果把眼前这座山当成目标的话，你这辈子都不见得上得去。如果你把最高的山当成目标的话，这眼前的山你必须得过去。所以说你有大愿，你在现实中就没大事；如果没有大愿，你在现实中每件事都是大事，就是你摊上大事了。这是什么意思？就是你的愿不够，大愿之人在现实中没大事。

光有信、有愿，但躺在山脚下不动也不行，所以要行。而真正的攀登意识高峰的行，全是心行，外在的行一定归于心行，万法必归于心法，心法是内在的提升。心行包括什么？包括在现实的人生里边觉察，每时每刻觉察面对的世界，它在反映我的什么认知，反求诸己，然后发现这个认知并把它颠覆、把它超越，这样就是消业。这个过程我们就有喜悦产生了。这是行，心行。

同时这个行还有一种保证，是什么呢？就是不断地从内在具足的智慧去连接，怎么连接呀？持咒、诵经、祷告，全是跟内在具足圆满的智慧连接，因为所有这些经文、文字在，形成文字"投影"的能量就在，你看它的时候，你的眼睛被摄受；你念的时候，你的舌根、你的耳根被摄受；你点香的时候，嗅觉被摄受；你从下腹发音，结果你整个身体被摄受。你在一个全息能量共振状态下跟高维进行共振调频，这个时候，就是在现实中的一个行。所以修行的过程，是一个跟能量连接的过程。

第四是证，就是每时每刻用你的直心去做事情，做成了，帮助你验证你本自具足；没有做成，帮助你觉察你的认知障碍是什么，你得把它颠覆，下次就成了，这就是失败是成功之母。

那个力量来自哪里？来自你内在的大愿。如果一个人没有大愿的话，你在现实中天天遇到大事，你只要往前走一步就是大事；如果你有大愿的话，在现实中就没大事，那样的话方向就会明确，这就是力量，因为本自具足。

（掌声）

第四期互动部分

问 15：很有幸，今天能听到两位老师对话！我是普通百姓，没啥学问，因为非常认可刘丰老师的这个理论，总想追随着听一听，到底是怎么个多维。我总想了解更多，甚至昨天夜里还在想这四维是什么样的！（笑）我想说，你们是专家，是社会精英，你们如何带动这个社会，让更多人愿意来听。我们想提升我们自己的内在，人生学无止境；我们如何自己成长？你们如何帮我们，帮这个社会？

刘宏毅：刘丰老师，您带我们上四维看一眼！（笑）

刘丰：其实在这个世界，想让别人觉悟是妄想。所以，你提出的这个命题根本不存在！（笑）我自己觉得，我自己内在一提升，我就看到周围世界的朋友在提升。实际每个人都是在让自己提升的时候，就能看到这个世界的变化。最后，如果认为我们给大家创造一个感觉是，"我们能让谁提升"，在座的各位就被误导了。因为真正让自己提升的是自己，而所有的外面的东西都是因为你自己的内在"投影"出了我们这样的相，因此一切存在都是助缘，一切都能够诱发智慧。

有些人说："刘老师你说得太好了！"我说，其实你听到的是你懂的那部分，因此你本来就有，不是我给你的，是我们产生共鸣的东西。这个过程是我们在对自己说，是自我唤醒的过程。有一个朋友，曾经也是我们的一个学生，她说："刘老师，我到北京以后，我开始接触心灵，然后我觉得自己越来越高尚了，觉得自己有优越感了，结果两年之后，我回到我家乡，我发现家乡的一帮姐妹也说心灵，原来她们只说打扮啊、物质啊这些东西，现在她们也说心灵！我这优越感没了！"我说："我恭喜你！是因为你提升了，因为如果你在某一个层次的时候，你投影出来的世界就是那个层次。那个时候别人说心灵，你就根本听不见，听不懂，你今天能够听到别人说心灵，说明你自己内在的诉求在提升。"实际上我觉得最好的印证，就是在看你是否提升时，看你周围的世界有没有提升。

周围的世界有没有提升取决于什么呢？就是取决于自己是否对周围的一切承担百分之百的责任，而那个责任不是你去改变它，而是因为那个投影帮你发现自己认知的障碍，你把它一超越，这件事就提升了。确实很多人问，怎么来推广，怎么来做这个事情。我说，所有的推广，是那个推广的人他自己的一个提升过程，他自己觉得那件事在推广的过程中，他能得到提升，他会做这件事情，而不是我的诉求。我的诉求，只是我自己在这个过程中，在交流过程中，每天看到开悟觉悟的人，大家听完了课，突然觉得自己提升了，那就是我在提升，这个有意义。换到每个个体，其实都是这样，你觉察你周围的世界是越来越美，就说明你的心越来越美；世界越来越丑，说明你的心在往下掉，能量在往下掉。

儒、释、道、医，所有现实呈现都是助缘，它的所有智慧应机每一个当下，在每一个当下，它有它的缘分的启用。比如我遇到基督徒，我跟他谈的就是《圣经》里面的智慧，他就在用《圣经》的智慧启迪我；我遇到一个修道的人，那我们谈的就是道家的智慧，等于他在用道家智慧启迪我、唤醒我在道家智慧上的通透；当我遇到修儒学的人时，我就要看儒学智慧给我的启发。

问 16：我想问刘丰老师一个问题，就是我时常感觉我觉悟了，为什么说时常呢？因为这个状态不稳定，对我个人来讲，有的时候觉得心中充满法喜，看见人人都顺心，生活当中一切都是让我觉得很开心的事情，我也很平静。但是我时常会因为遇到一些事情，内心有很多情绪出现。所以我想问刘丰老师，就是您现在的状态，是持续的觉悟状态，还是说也是有起有落？

刘丰：我也一样，我们大家都一样，觉悟的那个时刻都是在当下。某一个当下，你突然有一种通透的感觉，一种觉悟，而这个觉悟就是你提升了一级，至于你的起点在哪，一点都不重要。就你提升那一下，你就会产生一种觉悟的喜悦。我们想做的内在的诉求，是让我们每一个当下，都在那个提升的过程之中，因为那个过程会让你产生觉悟的喜悦，那种法喜。我做不到每分钟、每个当下都在那个状态，但是我会随时提醒自己。

以前我到任何一个新的地方，第一时间要找这个地方的修行人，不管他修什么。为什么呢？因为我一个人在这世间走，相当于我自己在走夜路，我可能一不留神掉到坑里了，会一下子晕很久；如果我跟一帮人一起走的话，我若掉下去，旁边的人会喊一声，"哎，赶路呢！"拉我一把，就这一下特别管用。现在呢，我已经到了一种状态，我的话题、话语里边，我天天做的事里面，已经完全跟修行相关联了，我随时可以知道，我的所作所为都跟这件事相关联，这个时候，我随时会从这现实中得到很多提示，特别是我在到处讲课的时候，我是给自己创造一个随时让我觉悟的空间，所以我说我非常感恩各位，感恩所有听课的人。为什么？在那个当下，我是最大的受益者，我恨不得一天二十四小时都在这个状态里！

但是，我也有纠结的时候，我也有起落的时候，因为我们毕竟是吃五谷杂粮，而且我们自己对各方面还有一些盲区。我相信，很多盲区还不能通然地让我们每个当下都在那个状态里面，因此我们完全一样。

其实，人和人之间在觉悟上的差别，我用个特别简单的描述，它相当于月亮和我们之间的距离，而这两个人呢，一个站在地面上，一个站在一层纸上，差距就差这么一点点，但是我们把差距放大了。因为我们每个人具足圆满，我们可以对每个人都有信心，是因为这个差距，只要是人，我们的共业才是最大的障碍！跟月亮之间的距离是我们的共业，是我们的共同认知，使我们生活在这个三维认知状态，其实我们没有多大差别。就相当于你站在纸上，我站在地上，就差那一层纸的关系，这只是个比喻。所以每个人应该对自己有信心。在现实中修行好的那些人，是我们的榜样，我稍加努力，就能达到那个状态，这就是助缘。我们看到周围修行的大德们，他们就是我们生命的一个助缘，他们能够帮我们往那个方向去。

问 16 续：谢谢老师，因为之前我有情绪的时候就会陷入一种低落状态，我不是已经觉悟了吗？怎么现在又有情绪？

刘丰：因为你有一个时间概念，以为觉悟是一件一劳永逸的事情，其实不是！我们说，只有当下它是跟高维连接的，所以，所有的觉悟只跟当下有关，离开当下的觉悟，你过去觉悟或者你未来可能觉悟，都没有意义。你当下是否觉悟是关键，要看你当下是不是在那种通的状态里面，是不是那种喜悦充满的状态。

问 16 续：还有第二个问题，有没有什么办法能够让我直接就通到 N 维空间？（笑）之前您讲到了通过入世，然后看见一个人，发现自己的认知有什么障碍，然后再去把它给修正，然后看见另外一个人，再去修正。我可能这辈子也不能把我之前所有的认知障碍全部修正完。

刘丰：如果有一个人说有办法的话那肯定是蒙你的，忽悠你的！因为一切是以自己的内在认知决定的。如果你的认知在某一个层次上，你想瞬间把这个认知全部超越，认知就是所谓的业，实际上那是做不到的。

但是，禅修那种离相的修炼本身，给你创造这样的机缘，让你去感受这种所谓离相的境界。而在禅修的时候，时间作为变量，可以在你的意识中呈现，那就是超越现实的这些挂碍的一种方式。但是那个东西它还要回归到你当下的状态中，把你那些执着的认知给超越、颠覆，你只要有那些认知在的话，你的状态就会呈现。当然，有些人愿意利用人的一些妄想，说"我可以给你一个简便的方法"。我不知道别人有没有，我没有这样的法子。

问 17：老师好，我是最近才开始喜欢中国传统文化，我觉得传统文化精华全在古文里，但是对于我这样一个年轻人来讲，古文是特别深奥难懂的。我想有一个好的学习古文的方法，三位老师可以给点建议吗？

刘宏毅：其实没有别的，主要是多读多看，以《古文观止》为例，222 篇古文，读过 50 篇以后基本意思就能懂了；能够背诵 100 篇，你就能够用古文写作了，诀窍就这么简单，没有别的。

中国的文化是属于全人类的，是东方智慧的最高代表。其他文明古国的文化，例如印度文化，都逐渐衰落了，消失了，最系统、最完整保留下来的，只有中华文化。古圣先哲的这些东西，完整地以汉语的形式保存在中国，这是全人类的财富，我们中国人有优先阅读的权利，因为汉语是我们的母语。很多人这辈子当中国人挺冤的，守着这些宝贝不知道利用，天天想着当美国人。我们现在做梦都不会做中国梦！所以习总书记才提倡"中国梦"。（笑）满街上都是什么普特莱斯小镇、香格里拉大道，这哪里是中国？

此外，古文是高浓缩的高维信息呈现的一种文体，一句古文能顶一本书的废话。一个字、一句话能够通透地理解了，就会一通百通，能量全息嘛！没有必要读完所有经书，也不可能，但是一点上悟透了，会有一以贯之的功效。

什么时候选择挑战，什么时候选择积累，你会在那个时空点遇到最该遇到的机会和老师。但是如果你的方向不明的话，你就会特别注重，我下一步该做什么了，我下一步走了以后，不知道再下一步做什么，那你就会永远在这个状态之中在寻找。

如果你知道顶层的概念，你知道你整个人生的意义是什么的时候，我们今天谈的更多的实际是这个。当你知道这件事情的时候，你进入自己的内在，随缘于你现实的状态。比如你刚才说的这个问题非常具体，当你知道你人生的意义的时候，你就能看到，你做中学教师有中学教师的意义，这个意义给你什么？给你内在、给你生命的意义赋予什么样的题目？而当你去读博的时候那也有意义，它也会给你启迪。这个时候呢，你就不会在这个取舍中纠结了。说句实在的，你就凭你的直觉去选择，其实没有大分别。但是这前提是你的方向明确，你知道你的人生意义是什么，如果你不知道这件事情，你就一定会在当下的选择中产生纠结了。

鸣谢

本书为线下课程编辑整理而成，在语言转换成文字的过程中难免有疏漏和错误。

在此，感谢各位读者的关注、支持，希望给我们提出宝贵的意见和建议。

特别感谢在本书成书的过程中很多的志愿者朋友所付出的努力。他们是：陈松、陈红、李冬、郭昌明、李东泽、张德志以及四维通慧书院的大学生朋友、心能缘的义工朋友们。

还要特别感谢华夏艺林朱哲灵女士、华夏出版社的编辑同仁在本书的策划出版中所做的努力。

谢谢大家！

作者

2016 年 5 月